講談社選書メチエ

595

「社会《コンヴィヴィアリテ》」のない国、日本

ドレフュス事件・大逆事件と荷風の悲嘆

菊谷和宏

MÉTIER

目次

凡例

・〔　〕内は引用者による補足、〔　〕内は引用した全集の編集者による補足であることを示す。
・引用文中の［…］は引用者による省略、「……」は原文における省略または地の文の表現である。
・引用においては、旧字体は新字体に改めた。また、原文の誤字・脱字・衍字、句読点の脱落等については、訂正せず原文の表記に従った。
・文献の参照指示は、巻末の「参考文献」に従っておこなった。なお、外国語文献に邦訳が存在する場合は「／」のあとに該当箇所の頁数を示した（ただし訳文は適宜変更されている）。
・引用文中には、現在では差別的とされる表現が含まれているが、著者が故人であること、歴史的資料であることを考慮して、そのままにした。

序　論——問題の設定と本書の構成

永井荷風の「社会」性

　明治四十四年慶応義塾に通勤する頃、わたしはその道すがら折々四谷の通で囚人馬車が五六台も引続いて日比谷の裁判所の方へ走つて行くのを見た。わたしはこれまで見聞した世上の事件の中で、この折程云ふに云はれない厭な心持のした事はなかつた。わたしは文学者たる以上この思想問題について黙してゐてはならない。小説家ゾラはドレフユー〔ママ〕事件について正義を叫んだ為め国外に亡命したではないか。然しわたしは世の文学者と共に何も言はなかつた。わたしは何となく良心の苦痛に堪へられぬやうな気がした。わたしは自ら文学者たる事について甚しき羞恥を感じた。（「花火」、『荷風全集』第一四巻、二五六頁。強調引用者）

これは、国家権力による冤罪事件として有名な大逆事件（幸徳事件とも）の最中、被告人である幸徳秋水らの乗る囚人馬車を偶然目撃した永井荷風が、その時の印象と思考を記した文章だ。

今日一般的には「世間のこと他人のことなど一切かまわぬ徹底的な個人主義者」とイメージされている文豪、永井荷風。しかし、この引用文を見るだけでも、実態はそう単純なものではないことが窺《うかが》われよう。

荷風は一八七九（明治一二）年に生まれ、一九五九（昭和三四）年に没した。彼はその長い一生にあって、明治から大正、そして昭和に至る激動の近代日本史を生き抜いた。大日本帝国憲法制定に象徴される日本の近代化の曙に始まり、日清戦争、日露戦争、ロシア革命、第一次世界大戦、関東大震災、満州事変、二・二六事件、第二次世界大戦（太平洋戦争）とその敗戦までもを、自らの生の中で経験し記録した。また彼はアメリカにもフランスにも滞在し、当時としては例外的な高い水準で西洋を体験した。

その必然的な結果として彼は、近代国家と人間社会のせめぎ合いを生きることを強いられた。「自らの芸術に耽美する人間嫌いの偏屈な個人主義者」どころではない。そのような今日の常識的評価に反して、実のところ彼の芸術はむしろ本質的に社会的なものだったのだ。実際、上記引用文には、日本社会と日本国、日本人と日本国民のデリケートな関係が見え隠れしている。

永井荷風の人生が示すこのせめぎ合いの歴史は、本書の導きの糸となる。つまり、このせめぎ合いの経緯と理由を問う形で、永井荷風の「社会性」を明らかにし、もって「日本社会」のある本質を浮き彫りにすることが本書の目指すところである。

日本社会と日本人

そもそも、「日本社会」とは何だろうか。「社会」という語が、一般に「人が共に生きる場」を指すとすれば、日本社会とは日本人によって構成され日本人が生きる社会のことだろう。それにしても、日本社会に生きる人間は、いかなる意味で「日本人」なのか。

他方、「日本社会」に似た言葉に「日本国」がある。いずれも「日本」の名を冠した集団を指す言葉だ。しかし、もし日本国の国籍保持者を日本国民と呼ぶとするならば、この「日本国民」は「(日本社会に生きる)日本人」と同じなのだろうか、違うのだろうか。

例を挙げて考えてみよう。「フランス人と結婚し、フランスで生活を営み、フランスで仕事をし、フランスで納税し、結婚後日本国内には一度も入ることなく、しかし生まれ持った日本国籍は保持したままの人」は、日本国民であり日本人なのだろうか。そしてこの同じ人が人生のある時、日本国籍を離脱しフランス国籍を取得した場合、その瞬間にこの人は日本国民でも日本人でもなくなるのだろうか。フランス人になるのだろうか。

もっと端的な例を挙げれば、日系人はどうなのだろう。日本国籍を持ちブラジルやアメリカの永住権を持つ人は、日本人なのだろうか。また日系三世や四世など、日本語をあまり解さず、生まれ育った国に溶け込み、日本国籍を持たず、もちろん日本国内に入ったことなど一度もなく、しかし家の中では祖父や祖母らから伝えられた和食や畳といった伝統的な和風の生活を両親と共に営んでいる日系人は、日本人なのだろうか、それともブラジル人、アメリカ人なのだろうか。

こうして考えてみると、普段当たり前に使っている「日本人」という概念、そして「日本社会」という概念も、一筋縄では理解できないことがわかるはずだ。さらに考えてみれば、普段「日本社会」を「日本国」と混同し同一視していることに気付くだろう。つまり、我々が日常的に「日本社会」と呼んでいるものは実際には「日本国」であることに気付き、固有の意味での「日本社会」とは一体何か、実は存在していないのではないかとの疑問を持つに至るだろう。

現代日本の状況

この疑問について、昨今の日本の「社会状況」からいくつか具体例を挙げて考えてみよう。

例えば、ヘイトスピーチ。とりわけ今日世間を賑わしている、特定の国民や民族をまとめて「〇〇人を殺せ」などと叫びつつ、排他的憎悪を剥き出しにしてデモ行進するような言動のことだ。

しかし、道徳的政治的な価値判断は今は措くとしても、そのようなそもそも「ナンセンス」な行為を白昼堂々とできるのは、国籍や民族とは別に（「以前に」ではない）、人は「人間」であることを理解していないからこそではないか。またその様子を遠巻きに窺う一般の人々も、その「ナンセンスさ」すなわち根源的な「非現実性」を理解できていないのではないか。

実際のところ、ヘイトスピーチに現れているもの、それは、「我々が同じ人間・個人として共に生きる」という現実の否定、「社会を成す」ということそのものの否定だ。それは「日本社会」をほとんど全否定することだ。にもかかわらず、他国で見られるヘイトスピーチへの激しい反応は日本では見られない。どうもこの「社会を成す」ということの意味が、その社会的な本質が、日本では理解されていないようだ。だからこそ、つとに指摘される通り、日本人は他の先進国の人々に比べてずっとこうした社会的差別・社会的排除に「寛容」なのだろう。こう考えてくると、やはり日本に人間社会は成立していないように思えてくる。日本人にとって差別など所詮「他人事」なのだ。

別の例を挙げよう。新自由主義・グローバリズムの伸張とともに日本でも一般化してしまった派遣労働だ。

人を計量可能な労働力として、資本の都合で調整可能な材として捉え、資本が必要とする場所に「派遣」、というよりも「供給・設置」し、さらには労働者本人でさえ、自らがそのような労働力である（でしかない）ことを認めその境遇に甘んじる時、そこでは、人が「人材」であることとは別に（「以前に」ではない）、「個人」であり「人間」であることが理解されていないのではないか。

率直に言って、また歴史的に見て、派遣労働なるものが奴隷労働の一種であることをきっぱりと否定できるだろうか。そして、奴隷が（仮に人類種と認められたとしても）人間ではなく、市民と共に社会を構成してなどいないことは言うまでもなかろう。

さらに根源的な例を挙げれば、死刑制度だ。犯罪抑止力としての議論や遺族感情への配慮についての議論とは別に、そもそも冤罪による刑死は取り返しがつかないことは明らかであって、この点からだけでもこの制度の正当性をストレートに主張することは論理的・倫理的に不可能だろう。

にもかかわらず、各種世論調査によれば常に国民の多数によって死刑制度の維持は支持されている。そして、冤罪による刑死に対してそこで挙げられる正当化の理屈は、治安維持・社会秩序維持のための「必要悪」である、「仕方が無いこと」である等々だ。いつ自分や家族や友人が、何もしていないのに逮捕され処刑されるかわからないのに……。ここでもまた、所詮「他人事」のようだ。

実際、あまり知ら（さ）れていないようだが、死刑制度の存置に関して日本はEUから常々批判されている。EU加盟条件の一つは死刑制度の廃止であり、日本は死刑制度をいまだに持ついわば「野蛮な」国とみなされているのだ。

それでもなおこの制度が国民の支持を得続けているとはどういうことか。それはつまり、我々が国家とは別に（以前に）ではない）、社会に生きているという現実が理解されていないということではなかろうか。

そもそも、国家が個人を正当に殺害する十分な理由・十分な論理とは何だろうか。社会が人が共に生きる場であるならば、国家は人が共に生きるための一つのあり方、一つの制度、一つの道具ではなかろうか。とすれば、国家が人を殺す正当な権利を持つとは本末転倒ではないのか。国家はなくとも社会はありうるのに……。

かように、例示したこれら現代日本の「社会状況」は、結局のところ日本と呼ばれるこの土地に、社会がいまだ存在していないことに由来しているように私には思われるのだ。このことをこそ、本書では解き明かしたい。

集合性の三原理

以下本書の中で明らかにしてゆくが、端的に言って我々が集団を成す基盤には三種類のものがある。「知」と「情」と「意」がそれだ。これらは集団形成の互いに独立した原理・源泉であり、それぞれ「制度」、「共同体」、「社会」に対応する。それぞれの成員資格（メンバーシップ）と合わせて図式的に表現すれば、次の図のようになろう。

つまり、国家や会社は社会ではなく、家族や故郷《ふるさと》もまた社会ではない。社会とはあくまで「人間が共に生きる現場」のことだ。それは、その中で役割・機能が果たされる「制度」や生（活）に与えられた直接の顔見知りからなる「共同体」とは、原理を異にする別種の集合体だ。

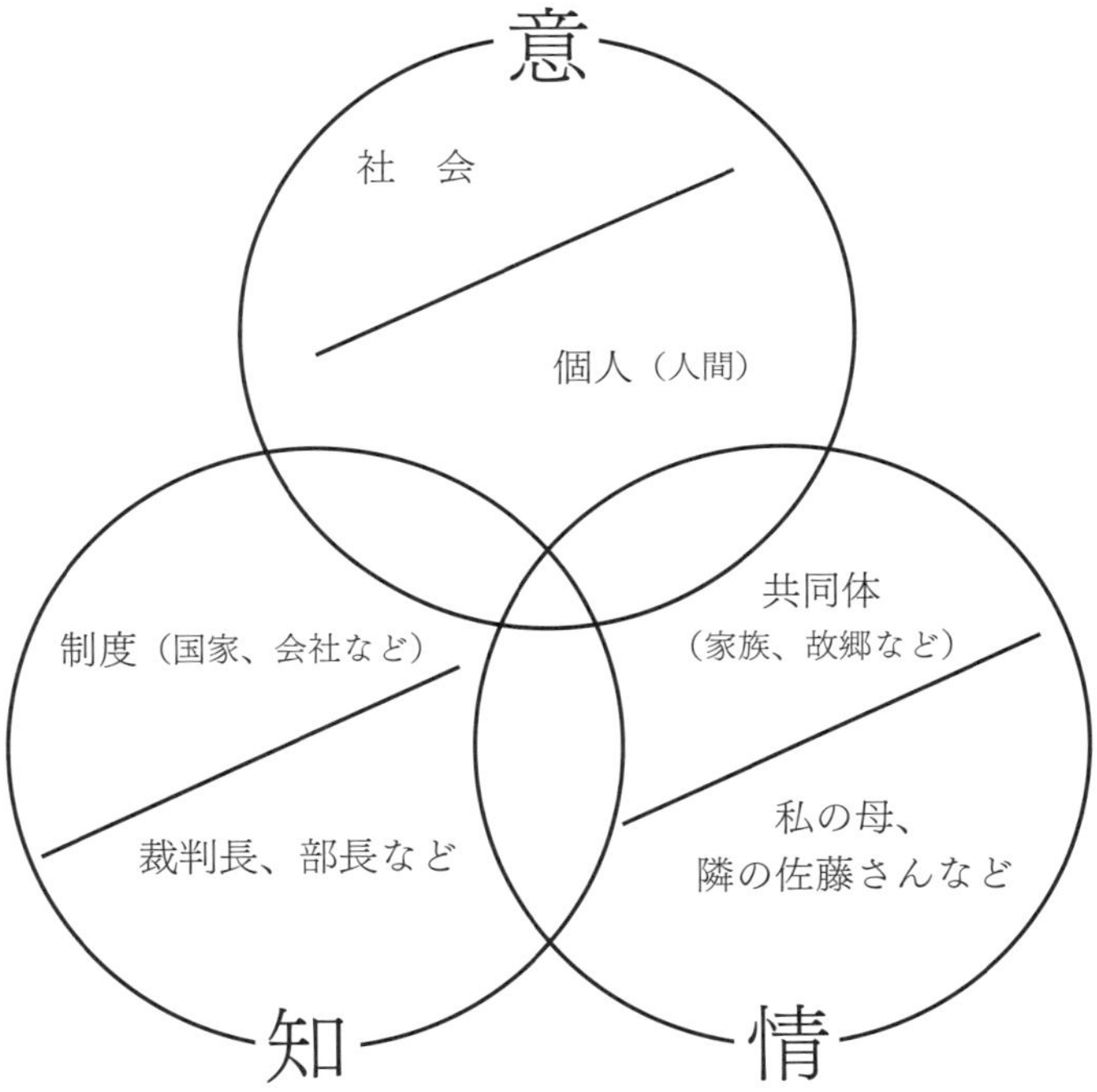

集合性の三原理（知・情・意）による集団種別と成員資格

＊これらは理念型であって、現実の集団は複数の原理を重なり持つことがある（例えば、同族会社は知と情に、共和主義国家は意と知に基づくなど）

そしてそのような社会を成す「個人たる人間」とは、役職ではなく私人でもない。それは、「特定の誰々」でもなく「肩書き」でもなく、万人が持つ人間性を有する存在一般としての人間、歴史的な表現をすれば人権を有する存在一般としての人間なのだ。この資格でこそ我々は、境遇や能力にかかわらず平等な「一個人」として人間社会を成すことができる。実際、近代民主主義社会において、能力や出自によらずあくまで「一人一票」が与えられるという根本原則はおそらくここから導かれている。

このような社会と人間は、国家や家族の前提ではない。我々が社会を成し皆同じ人間であるということは、およそ自明な事実ではないのだ。いずれ説明するが、常識に反してそれは意志的な努力をもって創造される事実なのだ。というのも、すべての人が「個人」であり「人間」であるという「事実」は、客観的に検証可能な経験的事実ではないからだ。それは物質のように確認される事実ではなく、意志を持ってそのようにみなすことではじめて構築される「事実」なのだ。

この点を見誤る時、我々は社会を失い、個人ではなくなる。それでも、社会も人間も存在せずとも、国家や故郷《ふるさと》といった別種の集団は存在しうるのだ。しかしその時、国や地域の諸問題は誤って「社会問題」とみなされ、永久に解決不能な「仕方の無い」問題として我々の前に立ち現れてきてしまう。さらには、人が自分固有の人生ではなく他人の人生を生きることになってしまう。

ドレフュス事件と大逆事件

こうした構造とその意味を事実に即して詳《つまび》らかにするため、本書は「社会そのもの」を問う。そしてそのための題材として、ドレフュス事件と大逆事件という、フランスと日本における二つの歴史上の冤罪事件、それも国家による冤罪事件を取り扱う。

先にドレフュス事件を、事件の立役者にして自然主義文学の第一人者であるエミール・ゾラおよび社会学者エミール・デュルケームと共に検討し、そこに「(人間)社会」が現れることを見る。ここで我々は、歴史上フランスの地に誕生した、しかしその地域性にとどまらない普遍的観念としての「人間」と「社会」の現実的経験的な登場を確認するであろう。

次に、「日本社会」について検討するため「日本のドレフュス事件」とも言うべき大逆事件を取り上げる。その際、フランス社会思想の影響を受けつつ近代日本史を生きた人物としての永井荷風の思想と背景史を手引きとしよう。またもちろん、幸徳秋水の社会思想も検討してみよう——その結果として我々は日本社会のむしろ「不在」を見出すことになるだろう。

最後に、これら社会と日本に対する考察の結果、現代日本に各自が人間として生きるということの深い意味が理解され、今後の可能な方向性が導き出されるであろう。

コンヴィヴィアリテ

ここで本書のタイトルについて一言説明しておきたい。そこでは、括弧付きの「社会」に〈コンヴィヴィアリテ〉なる耳慣れない言葉がルビとして振られている。

コンヴィヴィアリテ(convivialité)とは、文字通り訳せば「共に‐生きること(con-vivialité)」となる日常的なフランス語だ。つまり端的に社会なるものの本質を突く語であり、もっとも近い日本語はやはり「社会」ないし「社会性」であろう。

しかし実際にはこの語は、極めて日本語に訳しづらい言葉だ。フランス語で話している時には容易に理解し使うことができても、いざ日本語でとなると「腑に落ちる」語が見つからない。その理由は、このフランス語に対応する単語が日本語に存在しないということ以前に、この語が指し示す現実、この語を裏打ちする経験――つまり社会を成すという経験――が日本に存在しないからのように思われる。

本書では、この日本語にない経験、共に生きるという社会的現実をどうにか日本語で指し示すために、あえてこの語を、括弧でくくった（つまり日常的な意味ではない）「社会」のルビとして用いた。このタイトルの意味するところのすべては、ここではまだ伝え切れない。しかし、本書をお読みいただいた後にはきっと了解していただけると思う。

事実の提示のために

なお本書には、文献からの引用が通例よりも多く含まれている。これは本書が、筆者の思考の記述であるのと同じくらいに、歴史的事実の提示であることを目指したためだ。

今日では、ほんの数十年前の大事件でさえ簡単に忘れ去られてしまう。しかし、本書に引かれた文章に接すれば即座にわかる通り、現代の大事件は、非常にしばしば過去の事件の「焼き直し」なのだ。まったく新しく感じられ対応に戸惑う出来事も、過去の同種の事例を知ってさえいれば、的確にその本質を理解できるものだ。にもかかわらず我々は忘却する。それはおそらく「生き延びる」ためなのだろう。しかしそれは決して「生きる」ためではない。

このような意図から本書では、議論の根拠である文献からの引用文をあえて多く用いることにした。そのため、ややもすれば冗長に、少々くどく感じられるかもしれない。しかし、膨大な原資料の中から、味わい深く意味深い箇所を選び抜いたつもりだ。社会を生き抜いた人々の生の声をぜひ聞いてもらいたい。そして機会があれば、ここに引いた著者たちの他の文章にも当たって欲しい。第一級の資料・文章を数多く知り読むことで現実・事実に直に接し、また今後さらに自らそれらに接する一つの機会に本書がなれば、と祈念している。

市井に生きる人々に向けて

また本書はむしろ、専門研究者ではなく、自らが日々その中で生きている社会を理解することを望む人々に向けて、社会的現実の核心を伝えるために書かれたものである。昨今の日本の政治状況と人々のメンタリティの状況に鑑みて、それこそが今必要な喫緊の要事だと信じるからだ。

それ故、本書で提示される諸資料は、専門家諸氏ならびに本書で取り上げられるそれぞれの事件や人物に詳しい教養人諸氏にとっては、今更触れるまでもないごく当たり前のものばかりかもしれない。また、展開される議論も、専門家・教養人諸氏には物足りない、ないしはおおざっぱで詰めの甘いものと映ってしまうであろうことは否定できない。著者としては、執筆意図に対するご理解とご容赦を乞う次第である。

しかし、にもかかわらず、本書で描き出される事件や思想の連関とそこに通底する意味は、各々の分野の専門家諸氏にとってさえなじみ深いものではないはずだ。

第1章　ドレフュス事件

第一節　「事件」の事実経過

疑　惑

　ドレフュス事件。[1] それは一九世紀末、ベル・エポックを謳歌していたフランスで発生した一大冤罪事件である。一軍人のスパイ疑惑に始まり、社会統合の原理を巡る対立へと発展し、神聖不可侵な権威である軍・国家そしてそれらの支柱たるカトリシズムによる超越的な統合と普遍的人権による共和主義的統合との根源的な対立として、フランス第三共和制そのものを根底から揺るがした社会的大事件だ。

　まず、歴史的事実としてのドレフュス事件の概要を把握しておこう。

　時は一八九四年。二〇年以上前の、しかし皇帝ナポレオン三世自身が捕虜となり降伏に至るというあまりにも屈辱的な結果に終わった普仏戦争敗戦の記憶をいまだ引きずっていたフランスは、国内のドイツ人を潜在的なスパイとして警戒し、その動向を監視していた。そんな中、ドイツ大使館のくずかごの中から、破り捨てられたメモの断片が見つかる。そのメモ（通称「明細書（bordereau）」）を、統合参謀本部情報部少佐ユベール＝ジョゼフ・アンリがつなぎ合わせ解読したところ、そこには、フランス陸軍の最新兵器である一二〇㎜砲に関する機密情報が、ジャック・デュボアなる署名――もちろん偽名である――と共に書かれていた。そしてさらに、別の報告書では彼はドイツ人から「あのD

のやつ」と呼ばれていた。この兵器の情報を入手可能なのは砲兵部隊だけであり、こうして、アンリ少佐によって、砲兵部隊でその名がDで始まる唯一の人物、アルフレッド・ドレフュス（Alfred Dreyfus）大尉にスパイの嫌疑が掛けられた。

調査の結果得られたドレフュスの人物像は、スパイとは程遠いものだった。アルザス地方から避難してきた裕福な家庭で育った彼は、陸軍大学を優秀な成績で卒業した前途有望な軍人であり、借金もなく、幸せな家庭生活を営んでいた。ただ、彼はユダヤ人だった。

フランスは、ユダヤ人に市民権を与えたヨーロッパで最初の国である。それ故に、ユダヤ人の社会進出は他のヨーロッパ諸国よりも進んでおり、そのことがまた、一九世紀末フランスに反ユダヤ主義（反セム主義）を全社会的水準で渦巻かせるという結果をもたらしてもいた。とりわけ、ユダヤ系のロスチャイルド一族を筆頭とする上層金融資本と政界との癒着を告発・糾弾する反ユダヤ主義的愛国主義は、民衆の中に静かに、しかし着実に根を下ろしていた。

一八九四年一〇月一五日、陸軍省に出頭したドレフュスは、そこで書かされた手紙の筆跡が、件《くだん》のメモと同一であるという理由で、その場で国家反逆罪の疑いにより逮捕される。アンリ少佐の計略通りに。当初この逮捕は軍の機密として扱われたが、まもなく情報がマスコミに漏れ、特に反ユダヤ系の新聞が大きく取り上げるに至って、フランス全土に国民的一大スキャンダルとして広まってゆくことになる。というのも、ドイツのスパイが逮捕されたというだけでも衝撃的なのに、さらにそれがユダヤ人であり、しかも神聖とされるフランス軍内部で見つかったという事実が、この事件を、他の事件以上に社会の幅広い層の関心を引くものにしたからである。

軍法会議が開かれた。しかし、フランス軍は、その権威を守るため、文字通り是が非でもドレフュスを有罪にする必要があった。そこで軍部は有罪の証拠を捏造し、ドレフュスを陥れ、有罪判決を得た。この判決を民衆は熱狂的に支持し、判決から二週間後、陸軍士官学校校庭で公式に軍籍を剝奪された際も、敷地の外から盛んに「裏切り者を殺せ」、「ユダヤ人に死を」との叫びが上がったという。かくしてドレフュスは、南米仏領ギアナにある灼熱の監獄、悪魔島に連行、そして幽閉された。

ドレフュスが収監されている間、彼の家族、特に兄マチューは弟の無実を証明するために証拠と協力者を捜し回ったものの、事態は絶望的であった。

ところが一八九六年三月、またしてもドイツ大使館の廃棄書類の中から、大使館員がフランス陸軍少佐フェルディナン・ヴァルサン・エステラジーに宛てて書いた、実際には送られなかった電報が見つかった。そこには「先日の件につき、更なる情報を求む」とあった。疑惑を抱いた新任の参謀本部情報局局長ジョルジュ・ピカール中佐は調査を指示し、その結果、エステラジーはその放蕩三昧の生活を維持するために軍の給与以外の多額の金を常に必要としていることが判明した。さらに尾行により、ドイツ大使館への出入りが確認された。そして、驚くべきことに、彼の筆跡は、ドレフュスを有罪にしたメモの筆跡にうりふたつであった。

こうした証拠により、ドレフュス事件は無実の人間を軍部が陥れたものであると確信したピカール中佐は、ドレフュスの釈放に向けて行動を起こした。一八九六年九月、彼はエステラジーのスパイ疑惑とドレフュスの無実を、軍上層部に報告した。アルザス出身のカトリック教徒であり反ユダヤ主義者であったピカールは、しかし情報局長としての職務をまっとうし、ドレフュス事件における件のメモはエステラジーによって書かれたに違いないと指摘した。しかし、それを指摘した相手である国軍幹部たちこそ、自らの名声や権力、そして威信のために、そのメモをドレフュスのものとした当の本人たちだったのである。真実を見出したピカールは、賞賛されるどころか、この事実を口外しないよう固く口止めされたあげく、チュニジアに左遷された（後に投獄される）。忠実な軍人としてこの事実を暴露することこそなかったものの彼は、軍部の陰謀を知った自らの身を案じ、事件の詳細を記した手紙を弁護士に託すと共に、自らの身に何かあった時には、その手紙を大統領に渡すよう頼んだ。

一八九六年末、ドレフュスが悪魔島を脱走したというニュースが流れた。これは、事件の風化を懸念する兄マチューの流したデマであったが、これを機にマスコミはドレフュス事件に関する情報を続々と発表し、世論はまさに真っ二つに分裂した。ドレフュスの無実を信じるドレフュス派（ドレフュザール（dreyfusard））と、有罪とする反ドレフュス派（反ドレフュザール（anti-dreyfusard））である。

興味深いことに、それは一般市民にとっても、もはや一個人の冤罪事件ではなかった。そうであったなら、第三共和制という国家の体制自体を揺るがすような大事件にはならなかったであろう。市民にとってそれは、それぞれの異なった立場から、しかし、一七八九年以来、政治的変動の絶えないフランスにあって、国家とは何か、祖国とは何か、軍隊とは何か、フランスとは何かという共通の大問題をいわば強制的に考えさせられる大事件であった。

翌一八九七年、マチューは事件に関して彼の持つ情報とそこから得られた結論を発表する。それは、件のメモの筆跡は別の将校のものであること、そしてその事実を軍部は最初から知っていたというものであった。マチューはエステラジー少佐を国家反逆罪で告発した。ユダヤ人によってなされたこの告発は、それ故に一層、世論に大きな衝撃を与えた。

しかし、軍部は、エステラジーをかばった。というのも、エステラジーがスパイだとなれば、彼ら自身も荷担した陰謀によって封印され風化しかけていたドレフュス事件の疑惑が再燃する可能性があるだけでなく、さらに、スパイを突き止め排除することもできないフランス軍そのものの正当性を世論が問題視する可能性があったからである。こうして、軍法会議においてエステラジーは無罪を言い渡され放免された。この一件はドレフュス有罪をかえって確信させる形となり、フランスの世論は圧倒的にドレフュス有罪説に傾き、スパイ事件としても社会的事件としてもドレフュス事件にはこれで決着がついたかに思われた。

「告　発」

ところが、このドレフュス派にとって圧倒的に不利な状況の中、一八九八年一月一三日、社会批判を続けてきたことで有名な作家エミール・ゾラが『オーロール（*L'Aurore*）』紙上に「私は告発する（J'Accuse...!）」と題する、大統領に宛てた公開書簡を発表する（Zola 1898a）。それは、ドレフュス事件における軍部の陰謀を暴露し、神聖とされ尊敬されていた軍部の腐敗を広く世間に向けて告発するものであった。この手紙は人々の間に大きな衝撃と議論を巻き起こし、世論は再び二分され、ドレフュス派・反ドレフュス派の市民が市街で衝突し、大規模な暴動を起こすほどであった。

ゾラは名誉棄損の廉《かど》で告訴され、有罪となり、その通達を待たずにイギリスへ亡命した。しかし、このゾラの勇気ある告発によって、ドレフュス事件は国際的にも注目を浴びる事件となり、軍部ももはや無視を決め込むことはできなくなった。そこで軍部は、ドレフュス有罪の証拠をさらに偽造した。あのアンリが、ドレフュス逮捕のそもそものきっかけとなったメモに細工し、ドレフュスがスパイであるとの文章を書き加えたのである（「アンリ偽書」）。

当時陸軍大臣に就任したばかりのジャック＝マリー・ウージェーヌ・カヴェニャックは、この陰謀を知らず、副官に関連資料の洗い直しを命じた。その結果、アンリのメモ偽造が発覚し、彼は逮捕された。尋問の中で彼は偽造を認めたものの、「ドレフュスの有罪はフランスのためになる」と語り、反ドレフュス派はこれを「愛国的偽書」としてむしろ賞賛した。この虚偽によって国軍の権威はおとしめられず国家的混乱（場合によっては体制の崩壊）を招かずに済んだと考えたからだ。アンリは監獄に送られた翌日、死体となって発見された。その死は自殺とされたが、今日に至るまで事実は解明されておらず、自殺であるとは誰も信じてはいない。こうして、もはや陰謀の存在は明白となり、エステラジーはイギリスへ逃亡した。

一八九九年六月、破棄院はドレフュスに対する最初の判決を無効とし、再審を命じた。こうしてドレフュスは、約四年半ぶりに帰国した。そして同年八月、軍法会議が開かれた。しかし、驚くべきことにと言うべきか、やはりと言うべきか、この軍法会議でドレフュスは再度有罪を宣告された。軍部は前回と同じ主張を繰り返し、判事は、判決に絶対の確信がないことを示す「情状酌量の余地あり」との言葉を付け加えたものの、彼に一〇年の禁錮刑を言い渡した。ここでも、問題となっていたのは、ドレフュスがスパイ行為を働いたか否かという事実問題ではなく、個人の権利と、軍の名誉そして国家の安定とどちらを優先すべきかという原理的な問題だったのである。

この有罪判決の一〇日後、大統領による恩赦がドレフュスに与えられた。翌年にパリ万国博覧会の開催を控え、フランスのイメージを低下させる国際的ニュースとなっていたドレフュス事件をこれ以上長引かせることは、対外的に不利益だったからである。ドレフュスは恩赦を受け入れたが、無実を証明するための努力を続けた。

この努力の甲斐あって、遂に、一九〇六年七月、破棄院が二度目の有罪判決を、再審の命令なしで、取り消した。ドレフュスは軍務への復帰を認められ、かつて軍籍を剝奪された同じ陸軍士官学校校庭で、レジオン・ドヌール勲章を授与された。

社会の統合

単なる冤罪スパイ事件がこのように国民的な関心事となり国家体制を揺るがす大事件に発展したのはなぜだろうか。それは、この事件の対立軸が複数存在し、各人が各様の立場からいずれかの対立軸に関与する形になっていたからだろう。つまり、この事件では、ドレフュスが実際にスパイか否かが問われたのではなく、いくつかの異なった立場から、ドレフュスが有罪であるべきか否かが問われたのである。

確かにこの事件は、後に一般的に言われる通り、反セム主義対人権擁護の対立であり、その意味では人種差別絡みの冤罪事件であった。ドレフュス有罪説が当初市民の間で圧倒的に優勢だったのも、彼がユダヤ人であったことに由来すると言わざるをえない。しかし、その裏にはさらに、当時のフランス財界を牛耳っていたいわゆる二百家族と呼ばれる金融資本（その多くはユダヤ資本であった）に対する強烈な反感も潜んでいた。この点で「反ユダヤ主義は反資本主義・反独占の象徴」（中木 一九七五―七六、(上)三一三頁）であり、そこにゲード派やブランキ派といった社会主義勢力が加わることで、資本主義対社会主義の対立軸が形成されてもいた（ただし社会主義勢力＝反ドレフュス派という図式が成り立つわけではない。ジャン・ジョレスがドレフュスを擁護したのはよく知られている）。さらにもちろん、旧王党派・カトリック勢力も反ユダヤであると同時に反金融界であった。ここではドレフュス事件は、教権主義（Cléricalisme）対反教権主義の対立として展開されていった。さらに、「対独復讐のための軍の権威の保持というナショナリスト・右派勢力・軍の運動」（同書、(上)三一八頁）は、既に我々が見た通り強烈であった。ここに、個々の事実よりも国家の権威を優先させる国家主義（Étatisme）対反国家主義の対立軸が形成される。この対立軸は、とりわけ国家のあり方に直結していただけに、次第に国粋ナショナリズム側からの第三共和制批判、ことにその議会制に対する批判の色彩を強めていった。そして最終的にこれら複数の対立軸は、政治的には第三共和制擁護派対反共和制派として、社会的には人権擁護対国家主義として大きくまとめられ、全体としてドレフュス派対反ドレフュス派の対立として歴史の中に現れたのである。

しかしこれら事件に内在するいずれの対立軸も、単なる事実の問題や政治的駆け引きの水準の対立ではなく、そもそもの国のあり方・社会統合の原理を巡っての対立であったことに変わりはない。すなわち、祖国（patrie）フランスは何を中心に統合されるのか、それはカトリシズムそしてブルボン家なのか、ナショナリズムなのか、資本主義なのか、社会主義なのか、それとも普遍的人権なのか。そして強力な国家、威信を備えた軍こそが統合され安定した社会のための最高位の条件なのか、その上に議会共和制、そして人権は置かれうるのか、否か。さらにその根底として——議論を少々先取りして言えば——社会の統合は、その具体的表象が何であれ、カトリシズムであれ神授された王権であれ神聖なフランス軍であれ、いずれにせよ超越性に根拠を持つ権威によるのか。それともこの人間たちの世界たる俗世、フランス革命以降希求され実現されてきた共和制を一つの具体的形態とするような、世俗性に根拠を持つ権威によるのか。結局のところ、この一点において多様な立場が収斂し、全体として「ドレフュス事件」という多くの人々を巻き込む大事件を構成していたのだ。

ドレフュス事件の事実経過は以上の通りである。これを前提として次節では、立役者エミール・ゾラに焦点を絞り、彼の生の言葉に即してこの事件の社会的意味を考えてみよう。

第二節　エミール・ゾラ
——人間の社会的生の事実を見据え国家の虚偽を暴く者

1　生い立ち

事実を見据える自然主義

イタリア人の土木技師を父として一八四〇年四月二日パリに生まれたエミール・ゾラは、幼少年期を南仏エクス＝アン＝プロヴァンスで過ごした（同郷の画家ポール・セザンヌは中学時代の友人である）。しかしエミール七歳の時、父が急死。以後母と祖母の手で育てられた。一家は貧困に喘いだという。その後パリに出て高校に入り、エコール・ポリテクニーク（理工科学校）への進学を目指すものの バカロレア（大学入学資格試験）に失敗し学業を断念。詩人を夢見ながらパリの裏街を放浪した。一八六二年からは出版社アシェットに勤め、以後、作家、批評家、ジャーナリストとして活躍した。つまり、人間社会の貧しさ・悲惨さを身をもって経験し成長した苦労人と言えるだろう。

この、決して恵まれていたとは言えない生い立ちを元にして彼は、矛盾に喘ぐ人間の生の現実をつぶさに観察し、科学的実証主義の成果を取り入れて客観的にこれを写実し、もって真実を明るみに出す「自然主義文学」の理論を構築する。ゾラ自身の言によれば、自然主義（naturalisme）とは、

> 分析的で実験的な方法、事実と人間に関する資料に基づいた近代的な調査（Zola 1879, p. 1401／一二四頁）

であり、

> 我々の世紀［一九世紀］の実証科学はすべてそこに由来する（ibid., p. 1395／一一二頁）

ものだ。そしてゾラは言う。

我々［自然主義作家］にとっては事実だけが科学的な確実性を有している。我々は事実だけしか信用しない。というのも、あらゆる近代科学は、ただ事実だけに立脚して発達したからだ。人間についての資料こそが我々の堅固な基盤なのだ。（ibid., p. 1394／一二〇―一二一頁。強調引用者）

ゾラはほどなく自然主義文学の第一人者となり、ドレフュス事件当時には既に文壇での名声を確立し文豪としての権威と信頼を得ていた。その彼が、時の大統領フェリックス・フォール宛の衝撃的な公開書簡「私は告発する（J'Accuse...!）」を発表して、事件の流れを変えたことは先に見た通りである。

2　告発前

ユダヤ人問題と文明の努力

「私は告発する」の登場がいかに衝撃的であったとはいえ、ゾラは何の前段もなく突然にこれを発表した訳ではない。彼はそれ以前からドレフュス事件に深い関心を寄せており、その欺瞞性に対する批判を繰り返していた。事実、ドレフュスがスパイに仕立て上げられた理由の一つであり、またこの事件をきっかけにフランス全土に広がった反ユダヤ主義（antisémitisme）に対して彼は、鋭い批判をつとに繰り広げていた。

「私は告発する」に先立つこと一年と八ヵ月の一八九六年五月一六日、ゾラは「ユダヤ人のために」と題する論考を『フィガロ（*Le Figaro*）』紙上に発表し反ユダヤ主義の本質を、したがってドレフュス事件の本質の一つを、鋭くえぐり出すラディカルな批判をおこなっている。

　この文章の中でゾラは、ユダヤ人に対する告発の内容——他民族に対する封鎖性や並外れた商魂など——を事実として認める。ただし、その事実は「なによりも社会的な次元（ordre social）に属するものである」（Zola 1896, p. 780／二三四—二三五頁）とする。ユダヤ人に帰せられたそうした特徴は、事実であっても、ユダヤ人の遺伝的特徴ではないということだ。「今日存在するユダヤ人とは我々自身が作り上げたもの、つまり、我々の一八〇〇年の歴史を通じておこなわれた馬鹿げた迫害の産物である」（ibid.／二三五頁）とゾラは強く主張するのだ。長年にわたる迫害を生き延びる中で彼らは、封鎖性や商魂そして賢さといった特徴を持つ一集団として形成されざるを得なかったのだ。

　その上で、同時代（一九世紀末）を、未開状態の狂信から脱した「民主主義（デモクラシー）と普遍的寛容（universelle tolérance）の時代、平等、博愛、正義を目指す一つの大きなうねりが四方から起こりつつある我々の時代」（ibid., p. 782／二四一頁）と捉えて言う。

> 文明の努力とは、まさに、同類が完全に同類ではないからといって格闘を始める、こうした野蛮

な欲求を消し去ることに傾けられるものであるはずだ。これまで数世紀の間、もろもろの民の歴史は、相互の寛容（mutuelle tolérance）に関する教訓以外のなにものでもなかった。その結果、最終的な夢は、すべての民を普遍的な博愛（universelle fraternité）に連れ戻し、共通の思いやりに浸すことによって、そのすべてを共通の苦しみから可能な限り救い出すことである、という了解が生まれるところまで到達しているのだ。（ibid., p. 779／二三四頁。強調引用者）

両腕を大きく開き、法によって認められた平等を社会的に実現すること。ユダヤ人たちを抱擁し、我々のうちに吸収、融合してしまうこと。彼らが優れた力を有していると言うのならば、それをもって我々自身を豊かにすること。人種を混じり合わせ、人種間の戦いをやめさせること。結婚を奨励し、親の世代を和解させる役目を子供たちの世代に任せること。それこそは、また、唯一それだけが、人間性と自由の名にふさわしい統一の事業（l'œuvre d'unité, l'œuvre humaine et libératrice）である。（ibid., p. 781／二三八—二三九頁。強調引用者）

ああ、この人間の統一（cette unité humaine）！　もしも我々が生きる勇気を保ち、闘いの中にあって心に希望を失いたくないならば、皆、この統一を信じる努力を怠ってはならない。[…]そのためには一〇〇〇年の歳月を要するかもしれない。それでも愛（amour）の最終的な実現に信を寄せ続けようではないか。少なくとも手始めとして、現代という時代の悲惨が我々に許す限りにおいて、互いに愛し合おうではないか。狂信者どもは放っておくがよい。刃物の脅威の下で正義をおこなうことができると信じ込んでいる悪党どもは、森の奥深く、未開状態に回帰するがままに放っておくがよい。(ibid., pp. 783-784／二四二―二四三頁。強調引用者)

そしてこの文章の末尾でゾラは叫ぶ。

イエスよ、怒り狂った信徒たちに告げたまえ。ユダヤ人たちに対しては既に赦しを与えたのだ、と。彼らも皆、同じ人間なのだ (ils sont des hommes)、と。(ibid., p. 784／二四三頁。強調引用者)

表現こそ文学的だが、言われていることは空虚な理想ではない。ここで明らかにされているのは、反ユダヤ主義という歴史的事実であり喫緊の現実そのものの真の姿なのだ。つまりゾラはここで――かつて社会学の先駆者アレクシス・ド・トクヴィルが見出し社会学の創始者エミール・デュルケームが経験科学として確立しようと努力した[2]――「社会」と「人間性」の現実性を、そして反ユダヤ主義の本質たる非合理性と非現実性を、事実を客観的に見据え真実を明るみに出す写実的自然主義の第一人者として世に提示、いや暴露しているのだ。

3　告発！

事実の暴露——人間性の名において

この暴露の延長上に「私は告発する」はある。

虚偽を暴き正義を広く世の人々に訴えるこの文章の中でゾラは、「明細書」の筆跡鑑定の誤謬など、ドレフュスの有罪を示す数々の「事実」が、実はフランス軍将校らによる「捏造」であり「陰謀」であることを、実名を挙げて暴露した。

調査［＝ピカール中佐（情報局局長）によるドレフュス事件の再調査］は一八九六年の五月から九月にかけておこなわれた。そして、ここではっきりと確認しておかねばならないことは、この時点でゴンス将軍がエステラジーの犯罪に確信を抱き、ボワデッフル将軍とビヨー将軍も明細書がエステラジーの筆跡によるものであるという点に疑問を抱いていなかった、という事実だ。ピカール中佐による調査は、この牢固とした確認事項にまで到達していたのである。しかし、それにともなう動揺もまた甚大であった。他でもない、エステラジーの有罪には不可避的にドレフュスの再審がともなうからである。それこそは、参謀本部がなんとしても避けたかった事態なのである。

［…］こんなことがあってよいものだろうか！　ここ一年来、ビヨー将軍、さらにはボワデッフル、ゴンス両将軍は、ドレフュスが無実であることを知りながら、この恐るべき事実を彼らだ

> けの胸にしまい込んできたのだ！（Zola 1898a, pp. 925-926／二五八―二五九頁）

結局のところ、

> 彼らは、陸軍当局を公衆の軽侮の中に突き落としたくない以上、ドレフュスの無実を認めさせるわけにはいかず、エステラジー少佐を無罪放免にする以外になす術を持たなかったのだ。（ibid., p. 927／二六一頁）

この卑劣で醜悪な事実を直視し、ゾラは言う。

> 社会がここまでの段階に達する時、待ち受けているのはもはや自然崩壊（décomposition）のみである。（ibid.／二六二頁）

彼ら国軍幹部は、「軍の名誉」（ibid., p. 928／二六四頁）に、さらに言えば「『汚らわしきユダヤ人』なるものの狩り出し」（ibid., p. 925／二五七頁）を欲していた「［軍の後ろ盾たる］キリスト教教権派としての情念に身も心も委ねて」（ibid., p. 923／二五二頁）いた。つまり彼らに言わせれば、フランス国家のために、ドレフュスの有罪を捏造したのだ。「国家事由（raison d'État）などという虚偽と冒瀆の口実の下、国民の真実と正義の叫びを喉元で押し殺しているのだ！」（ibid., p. 928／二六五頁）

今日、有罪判決を正当化するために決定的証拠となる機密文書の存在を言い立てる人々の絶望的なまでの執拗さもよく理解できようというものだ。この文書は、公表することはできないが、しかしすべてを合法化するものであるという。それを前にした我々は、ひたすらひれ伏すしかない。まさに不可視、不可知の神のような存在！　私は、そのような文書の存在を否定する。あらん限りの力をこめて、その存在を否定する。なるほど、娼婦まがいの女たちが話題とされていたり、自分の妻を自由にさせた見返りとして受け取った額が少な過ぎると、あまりにもしつこく要求を繰り返したどこかのＤ何某《なにがし》なる男が問題とされていたり、その種の馬鹿げた文書ならば確かに存在するのかもしれない。しかし、国防に直接関わり、公表の翌日には即開戦という事態も招来しかねない文書など、断じて、断じて存在しなかったのだ！　すべては嘘である！　しかも、彼らが平然とそのような嘘をつき、それが嘘であると彼らに認めさせる手段が与えられていないだけに、事態はいっそう忌まわしく、またシニカルなのだ。彼らはフランスを煽り立てられるだけ煽り立てておき、そして、その結果当然沸き上がってくる愛国的熱情の背後に身を隠す。人々の心を乱し、精神を堕落させておいて、その後はぴたりと口を閉ざすのだ。公民精神を逆手にとった大罪として、これほどの例を私は知らない。（ibid., p. 924／二五六—二五七頁）

すべては国家事由の背後に隠された。「国防に直接関わり、公表の翌日には即開戦という事態も招来しかねない」が故に機密文書とされねばならないが、しかしその文書によってドレフュスの有罪が疑問の余地のないものとなる絶対に非公開の文書の存在を「決定的証拠」として、ドレフュスは罪を問われたのだ。裁判に提出されずそのような文書が存在するという国軍幹部の言葉だけを根拠として、彼は有罪とされたのだ。そして、言うまでもなく、その審理は非公開だった。

> 「ドレフュスの」裁判に際しては厳格この上なき非公開が求められた。たとえ、いずこかの裏切り者が敵に国境を開き、ドイツ皇帝をノートルダム大聖堂まで導き入れたとしても、これほど厳重な沈黙と秘密保持の措置は講じられなかったであろう。国民が驚き呆れている間に、さまざまな恐るべき事実が囁かれ、歴史そのものを憤激させるような裏切り行為の数々が噂となって伝播された。そして、当然のことながら国民は判決を是としたのである。確かに、この種の犯罪に対して厳し過ぎる懲罰というものは存在しない。こうして、国民は、公衆の面前での位階剝奪に拍手喝采を送るであろうし、罪人が悔悟に苛まれながら恥辱の孤島にとどまり続けることを望みもするだろう。しかし、ヨーロッパを戦火で包むことにもなりかねず、なんとしてもこの非公開裁判の背後に隠匿されねばならないという公言不可能にして危険きわまりない諸事実というものは一体本当なのだろうか？　否である！（ibid., pp. 923-924／二五五頁）

一人の不幸な人間、「汚らわしきユダヤ人」が人身御供にされた、このドレフュス事件が、こうした巣窟「フランス国軍当局」に投げかけた容赦なき日の光を前にして人は戦慄を禁じえないのだ。ああ、この事件にふんだんに動員された狂気と愚鈍、桁外れの想像力、低劣な警察の手口、

異端審問と専制の心性といったら！［…］

［…］人間の権利と単純素朴な誠実さが敗れ去り、ごろつき連中が破廉恥にも勝ち誇ることとなってしまった。［…］人権の国、自由にして偉大なるフランスも、この反ユダヤ主義の病から回復しない限り余命は長くないであろう。憎しみの業に愛国心を利用することは犯罪である。最後に、人間科学全体が、真実と正義の間近な完成を目指して努力を重ねている時に、サーベルを近代の神に見立てようとすることは、明らかな犯罪なのである。（ibid., pp. 928-929／二六五頁。強調引用者）

かように、国家権力の虚偽を、そしてドレフュスの冤罪を暴露したのち、ゾラは時のフランス共和国大統領フェリックス・フォールに告げる。

大統領閣下、明々白々の真実とはかくのごときものであります。そして、この真実は恐るべきもの、閣下の任期に汚点をとどめるものとなりましょう。おそらく、閣下はこの事件に関していかなる権限もお持ちではなく、共和国憲法とご自身の取り巻き連との、いわば囚われ人になっておいでなのでしょう。しかし、そのことは、閣下が人間としての義務（devoir d'homme）を果たさずに済まされることの理由にはなりません。閣下が、この人間としての義務に思いを馳せられますよう、そして、その義務を実際に果たされますよう、切に願うものであります。しかし、このように閣下に申し上げたからといって、私は、勝利が絶望的であるなどという気持ちは毫も抱いておりません。以前にもまして熱のこもった確信と共に、ここに繰り返します。真実は前進し、なにものもその歩みを止めることはできないであろう（la vérité est en marche et rien ne l'arrêtera）、と。［…］

私がここに告発する人々は、私がこれまで噂を耳にしたり、会ったりしたことが一度もなかった人々です。そうした人々に対し、怨恨や憎悪を抱こうにも抱けるはずがないのです。私にとって、彼らは、社会悪（malfaisance sociale）なるものの観念、その精神を形として表している存在に過ぎません。そして、私がここに成し遂げようとしている行為は、真実と正義の炸裂を早めるための革命的手段に他ならないのです。

私の情念としては、ただ一つ、人間性（humanité）の名において光明を求める気持ちのみでございます。多難の道を歩んだ末に、今、ようやく幸福への権利を手にした、この人間性の名において。この燃え上がる抗議の文面は、私の魂の叫びに他なりません。私を重罪裁判所に引致されたい。そして、白日の下で審理をおこなっていただきたい。

待ち望んでおります。

大統領閣下、深甚なる敬意をお受け取りください。（ibid., pp. 929-931／二六七―二七〇頁。強調引用者）

4 ゾラ裁判——陪審員への宣言

人間性の発祥地としてのフランス

この国軍への直接攻撃の結果ゾラは、軍に対する名誉棄損の廉で、自身望んだ通り裁判に掛けられる。この裁判は、それまで彼が文章を発表してきた新聞紙上と並ぶ、世論への訴えの格好の舞台となった。

裁判の中で彼は、判決——もちろん有罪判決——に先立ち、陪審員に対する演説をおこなっている（「陪審団への宣言」）。そこでは、もはや「事実」の如何ではなく、ドレフュス事件の意味するところ、つまりこの事件の社会的で人間的な本質が、力強く語られる。

> さすがに［陪審員の］皆さまは、他の多くの人々のように、「無実の男が一人、悪魔島にいたとして、それが一体我々に何の関わりがあるのだ！　たった一人の人間の利益などに、一大国をこのような混乱に陥れるだけの価値があろうか？」などというところまではいっていらっしゃらない。それでも、皆さまの心の中には、我々、真実と正義を渇望してやまない人間たちが引き起こしたこの騒擾が、我々がその原因になっているとして告発を受けている害悪をもってあまりに高いつけを払わされているのではないか、との呟きが沸き起こっていることにかわりはないのです。（Zola 1898b, p. 936／二九〇頁。強調引用者）

ああ、陪審員の皆さま、ドレフュス事件も、いまやだいぶ小さく見えます。そこから引き起こされたいくつもの恐ろしい問題に比べれば、事件そのものはかなり遠くにかすんで見えるほどです。もはやドレフュス事件など存在しない。今、真に問われているのは、このフランスが人権の発祥地（patrie）としてのフランスであり続けているかどうか、世界に自由をもたらしたのちに正義をもたらすはずであったフランスであり続けているかどうか、ということなのです。我々は、いまだにもっとも気高く、もっとも博愛に満ち、もっとも寛容な民であり続けているのかどうか。公正（équité）と人間性（humanité）という点に関して我々が勝ち得てきた名声を、これからもヨーロッパにおいて保ち続けることができるかどうか。我々がこれまで獲得してきたものとして、それに勝るものはありますまい。今、そのすべてが再問に付されているのではないか。どうか、目をしっかりと見開き、理解していただきたい。このような混乱に突き落とされ、このような恐ろしい危機に直面した以上、フランスの魂は、その深奥まで動揺をきたさずにはいられないのです。一つの民がこのような仕方で揺さぶられる時、その道徳的生命自体が危険に晒されずには済みません。今という時は、これまでに例をみないほど重大な時です。国民の救いが賭されているのです。

そのことを理解なさって初めて、陪審員の皆さまも、可能な治療法はただ一つであるとお気付きになるでしょう。他でもない、真実を口にし、正義を取り戻させること、ただそれだけです。

(ibid., pp. 937-938／二九四―二九五頁。強調引用者)

ここで真に問われているのは、人権であり、人間性だ。たとえたった一人の男だったとしても、無実の罪で投獄されてはならない。そのために、一国が混乱してもそれは決して高いつけではない。これこそ、ゾラの思想の真骨頂たる人間主義、いわば社会的ヒューマニズムだ。

人権、人間性は今回、フランスと呼ばれる場所において、ドレフュス事件として問われた。しかしそれが、人間性一般を問うものであり、人間社会への本質的な問いである以上、そこにとどまるものではない。それは、人間が共に生きるこの世界がありうるための普遍的な原理を示したのだ。

ドレフュスは無実であると、私は誓って申し上げます。そこに私は、私の命、私の名誉を賭けております。今この荘厳なる瞬間、人間の正義を代表するこの法廷を前にして、国民の顕現そのものである陪審員の皆さま、あなた方を前にして、そして全フランス、全世界を前にして、私はドレフュスの無実を誓う。そして、私の作家としての四〇年の経歴、その経歴を通じて私にもたらされた権威に賭けて、私はドレフュスの無実を誓う。私がこれまで獲得したものすべて、私が築き上げた名声、フランス文芸の普及発展に寄与した私の数々の作品に賭けて、私はドレフュスの無実を誓う。私の持つすべてのものは崩れ去るがよい。私の作品のすべては朽ち滅びるがよい。もしもドレフュスが無実でなかったならば！　しかし、彼は無実である。

今、ありとあらゆるものが私の敵に回っているように思われます。上院も下院も、文民権力も軍権力も、巨大発行部数を誇る数々の新聞も、そしてそれらの新聞に毒されてしまった世論も。私の味方として残っているのは、もっぱら思想であり、真実と正義の理想である。今、私は極めて穏やかな心境にある。私は勝つであろう。
私は自分の国が虚偽と不正義の中にとどまり続けることを望まなかった。この場で私に懲罰を加えるのは自由である。しかし他日フランスは、その名誉の救いに手を貸した者として、私に感謝することであろう。(ibid., p. 939／二九七頁。強調引用者)

5　ドレフュス再審決定――パリへの帰還

連帯の民主主義

そして、ゾラは有罪判決を受ける。さらに二度の裁判ののち、イギリスに亡命する。しかし、亡命から一〇ヵ月半後には、ドレフュス派の努力が実り、ドレフュスの再審が決定される。かくして真実は白日の下に晒され、ゾラはパリに帰還する。この際の復帰宣言「正義」の中で彼は、喜びと共に語る。

我々は、人間の権利の勝利以外のものを目的として行動したことは一度たりともなかった。権利の勝利のためならば、我々は、我々の自由、そして我々の命までも投げ出す覚悟でいたのである。[…]
[…] ただ単に、一人の無実の人間を救い、祖国 (patrie) がかつて経験した中でももっとも恐

ろしい道徳的危機を回避させることだけが問題だったのだ。(Zola 1899a, p. 950/三〇三―三〇四頁)

正しき事業が果たされた今、かりに私が有用な働き手の一人であったという評価が成り立つとしても、私は喝采も報酬も望まない。私個人の身にはいささかの価値もなかった。私が擁護した主義主張こそが、かくも美しく、かくも人間的であったのだ。勝利を収めたのは真実の方であり、それ以外ではありえなかったのだ。(ibid., p. 953/三一〇頁。強調引用者)

ゾラ本人が言う通り、ドレフュス派は「人権と人間の連帯の勝利をその身のうちに体現した」のだ(ibid., p. 954/三一一頁)。そしてその事実こそ、人としての権利を宣言したフランス革命の継承であり、連帯の民主主義完成のための、人間社会完成のための一種の「種蒔き」だった。

我々が蒔いた種から刈り取られるのは憎しみではなく、善意、公正、無限の希望である。その種は大きく成長しなければならない。今日の段階では、その豊かさがかろうじて予見されるにとどまっている。すべての政党が自沈し、国は二派に分裂した。一方には過去の反動勢力があり、他方には、未来に向けて歩み始める精査、真実、廉直の精神がある。この布陣こそは唯一論理的なものであり、我々としては、それを明日の勝利のために維持しなければならない。だから、筆により、言葉により、行動により、取りかかろうではないか。進歩と解放の仕事に！　それは［一七］八九年［フランス革命］の総仕上げとなろう。知性と良心の平和革命、連帯の民主主義である。それは、悪しき権力から解き放たれ、ようやく労働法に基礎をおいた、富の公正なる分配を可能にする民主主義であろう。その時、ようやく自由なるフランス、正義の守り手としてのフランスは、次世紀の正しき社会の予告者として、諸国民の間に至高の地位を取り戻すであろう。かつてフランスが世界に自由をもたらした時のように、さらに正義をもたらせば、これ以上万全強固で不朽の帝国はない。フランスが果たすべき歴史的役割として、私にはそれ以外のものは考えられない。フランスは、これに匹敵する栄光の輝きをこれまで経験したことはなかったのである。(ibid., p. 956／三一四—三一五頁。強調引用者)

かくしてもはや、いまだ続いていたゾラ自身の裁判は、彼自身にも無意味なものとなった。そのことを宣言しつつ、この「帰還の辞」は閉じられる。

私の身を法廷の被告席に置くことで、私が望んだのは真実と正義のみであった。その真実と正義は、今、現実に存在している。私の裁判はもはや何の役にも立たず、私自身の興味すら引かない。正義は、ただ、真実を望むこと自体が犯罪であるのかどうか、その一点について結論を述べ伝えるだけでよいのだ。(ibid.／三一五頁)

6　再びの有罪判決、そして大統領恩赦

人間性（l'humanité）

ドレフュスはしかし、再び有罪となる。軍の面子《メンツ》、国軍の「名誉」のためだ。が、彼には大統領から恩赦が与えられた。こうして彼が家族の許に帰るその日、ゾラはドレフュス夫人に宛てた公開書簡を発表する。その中でゾラは言う。

> 私の仕事は、当初、なによりもまず人間の連帯、慈悲、そして愛の仕事に他なりませんでした。［…］
>
> ［…］私は、ユダヤ、カトリック、イスラムの別なく、苦しみのどん底におかれた人間を助けに駆けつけるつもりでおりました。当初、すべては単純な誤審に過ぎまいと考えておりました。彼を鎖に繋ぎ、悪に染め抜かれた穴ぐらで踏みつけにし、ひたすらその死を待つという、この罪の大きさを知らなかったのです。よって、その時点ではまだ名さえ知られていなかった罪人たちに対して、私は別段怒りを抱いてはおりませんでした。単に哀れな人間に対する同情によって普段の仕事から引き離されてしまった一人の作家として、私は、いかなる政治目的も追求せず、いかなる党派にも奉仕するつもりはありませんでした。私が奉仕する党派があるとすれば、この闘いの当初から、それは人間性（l'humanité）という党派に他なりませんでした。（Zola 1899b, pp. 969-970／三二二―三二三頁。強調引用者）

ここで我々は頂点に達します。［…］今日を限りとして、［ドレフュスの］無実を確信していない良識人など世界のどこを探しても見当たらないのですから。そして、今、その無実の人が、世界の四隅において人間の連帯の象徴となったのです。キリストの宗教が形を整え、一部の民族を宗派に加えるのに四世紀の歳月を要したのに対し、二度の有罪判決を受けたこの無実の人の宗教は、一瞬にして世界を駆け巡り、文明の恩恵にあずかるすべての民を一つの広大無辺な人間性（une immense humanité）の中にまとめ上げたのです。歴史の中にこのように普遍的な博愛運動の先例を探してみても、私には見つけることができません。二度の有罪判決を受けた無実の人は、世界の民の博愛のために、連帯と正義の思想のために、一〇〇年の哲学論争、一〇〇年の人道主義の理論以上のことを成し遂げたのです。歴史が始まって以来初めて、全人類（l'humanité entière）が、解放を求める叫び、公正と寛容を求める憤激を一つに合わせたのです。あたかも全人類がもはやたった一つの民（peuple）であるかのように。それも、これまで幾多の詩人たちが夢見てきた単一の博愛の民（le peuple unique et fraternel）を成したかのように。

苦しみによって選ばれ、そして今、自らの身をもって普遍的融合（communion universelle）を実現させた、この人間にこそ誉れあれ、この人間こそ敬われてあれ！（ibid., p. 972／三二七―三二八頁）

人間性が国の都合に優先されてはならない。それは政治的党派の問題ではない。国家以前に尊重されるべきものがある。人間性、すなわち人間によって生きられている現実だ。これを否定しては人間が生きられないのだから。「社会がここまでの段階に達する時、待ち受けているのはもはや自然崩壊のみ」なのだから。このことをゾラは、自らの芸術＝自らの人生を賭けて主張したのだ。

人間が実際に共に生きている現場、人間性が表れる場、いわば「固有の意味での社会」は、国家ではない。国家がなくとも、少なくともそれが今とは別様のものであっても、人間社会はありうる。このことは革命に明け暮れたフランス史が示してきたところでもある。この意味で、ドレフュス事件においてキリスト教教権派やフランス国軍ら反ドレフュス派に体現された国家＝社会という認識は、ゾラが喝破した通り、虚偽であり、人間性を抑圧し、人が人として生きられない状態をもたらすのだ。人間の生の現実を見据えて育った写実的自然主義作家エミール・ゾラは、この国家の幻想性・虚偽性を赤裸々に暴いてみせたのだ。

反ドレフュス派の認識においては、人は駒であり、国家の部品である。ドレフュスが無実だと皆が知っていても、国家という機械の正常動作のため、事実は隠蔽され、個々の小さな部品など捨てられる、というよりもそれこそが、捨てられ犠牲となることこそが「部品」のまったき役割なのだ。今回は「ユダヤ人」という部品の……（「愛国的偽書」を思い出されたし）。

だからこそゾラ自身、国家（共和国）と人間社会（共和主義）を区別して、次のように自認したのだ。

私は昔からの共和主義者である。［…］［しかし］私は共和国に寄生していない共和主義者である。

（Zola 1879, p. 1379／一一二頁）

つまり、共和主義社会の信奉者でありつつ、共和主義国家の信奉者では必ずしもない、と。

ヒューマニズムの前提としてのキリスト教

ただし、この共和主義者ゾラの、事実としての人間の普遍性を主張するあり方は、普遍宗教としてのキリスト教を前提としていることを踏まえておくべきだろう。すなわち「イエスよ、怒り狂った信徒たちに告げたまえ。［…］彼ら［ユダヤ人］も皆、同じ人間なのだ」と叫び、「ユダヤ、カトリック、イスラムの別なく、苦しみのどん底におかれた人間を助けに駆けつけるつもりでおりました。［…］私は、いかなる政治目的も追求せず、いかなる党派にも奉仕するつもりはありませんでした。私が奉仕する党派があるとすれば、この闘いの当初から、それは人間性という党派に他なりませんでした」と言い、「キリストの宗教が形を整え、一部の民族を宗派に加えるのに四世紀の歳月を要したのに対し、二度の有罪判決を受けたこの無実の人［ドレフュス］の宗教は、一瞬にして世界を駆け巡り、文明の恩恵にあずかるすべての民を一つの広大無辺な人間性の中にまとめ上げたのです」と、ドレフュス事件に現れた普遍的人間性を、その「普遍的融合（communion universelle）」を、キリスト教に比して一つの宗教とさえ捉えている通りである。

人間が、現実の世界の中で普遍的人間性を持った存在であること、それ故にドレフュスの人間としての権利は事実に基づき、国家事由に反しても守られねばならないこと――そしてそれこそが共和主義の原理である——は、キリスト教が歴史上先立って持っていた同じ原理になぞらえられ、その意味でこれが前提とされている。この関係に我々は、後に幾度か出会うこととなろう。

さて、このようなゾラの一種独特な人間主義、いわば社会的ヒューマニズムは、同時代を生きた社会学者デュルケームによってさらに分析的に示される。次節で見てみよう。

第三節 エミール・デュルケーム
——近代実証主義社会学の創始者

1 実証科学たる社会学の樹立

社会的事実

ゾラの同時代人に、エミール・デュルケーム（一八五八—一九一七年）がいる。ユダヤのラビの家系に生まれた彼は、ドイツのマックス・ウェーバーとならび近代社会学の創始者とされる人物であり、したがって社会現象を科学的な視角から体系的に捉えた最初のフランス人である。そして彼は、ドレフュス事件に関係した知識人の一人でもある。

一九世紀末彼は、「社会」を固有の研究領域とする、これまでにない新しい科学、すなわち「社会学（sociologie）」を打ち立てようと努力していた。それは、当時の政治情勢を反映して、カトリシズムの世界把握から離れた、共和的な世界把握を打ち立てる作業でもあった。つまり、当時のフランス第三共和制の政敵であったカトリシズムの、神的超越性に基づく普遍的斉一的な世界把握を否定し、共和的な、すなわち経験的で客観的な事実に基づく普遍的斉一的な人間世界の把握枠組を創造する作業でもあった。言い換えれば、「天にまします神の下に」ではなく、「この地上に事実共に」生きている存在として、すべての人間的存在が同じく人間であることを根拠付ける（＝人間社会の実在性を確立する）作業でもあったのだ。[3]

したがってデュルケームは、彼の社会学を構築する大前提として、従来社会的なものとして語られてきた神的形而上学的な思弁的見解を完全に排する。そして、この新たな科学の地盤として、「客観的な実在性」（Durkheim 1895, pp. 3-4／五一―五二頁）を持つ社会的事実（faits sociaux）なるものを以下のように見出した。

自らの社会学を定式化した『社会学的方法の規準』の中で彼は掲げる。

> 第一の、そしてもっとも基本的な規準は、社会的事実を物（*choses*）のように考察することである。（ibid., p. 15／七一頁。強調原著者）

そして次のように言う。

社会的事実とは［…］個人に外的な拘束を及ぼすことができ［…］その個人的な表明からは独立しているあらゆる行為様式のことである。（ibid., p. 14／六九頁。強調原著者）

それは、一つの具体的形態（un corps）を、すなわち固有の可感的な形態（forme sensible）を取り、これを表示する個人的事実からは非常に明確に区別される一種独特の（*sui generis*）実在を構成する。（ibid., p. 9／五九頁。強調原著者）

社会現象は物であり、物のように取り扱われねばならない。［…］実際、物とは、観察に与えられるものすべて、観察に供される、というよりはむしろ観察に強制されるものすべてである。諸現象を物のように取り扱うこと、それは、科学の出発点を成す資料（*data*）としてそれらを取り扱うことに他ならない。（ibid., p. 27／九〇―九一頁。「資料」の強調のみ原著者）

したがって、

社会諸現象は、それらを表象する意識主体から切り離して、それ自体として考察されなければならない。すなわち、外在する物として、外部から研究されねばならない。（ibid., p. 28／九一頁。

強調引用者）

つまり、社会的事実は、単に方法論上の仮定として個人に外在して個人を拘束し独自の実在性を持つのではなく、もっと本質的な意味で、いわば自然物と同様の「物」として、それを表象する意識主体とは独立に、外的に観察可能であり、「感覚に与えられる・可感的な」という意味で、まさに世俗の中に「実在」する「事実」なのである。それは「物質的な物と同じ資格（titre）における物」（ibid., p. XII／二三―二四頁）なのだ。

だからこそデュルケームは言うのだ。

> このような手順を実行するならば、社会学者は、その第一歩から無媒介に実在の内に立脚することになる。実際、このような事実の分類の仕方は、社会学者自身から、すなわち彼の精神の個別的な傾向から独立しており、物の本性（la nature des choses）に基づいている。事実をこれこれのカテゴリーに整理せしめる特徴は、万人に示され、万人によって認知されうる。（ibid., p. 36／一〇三―一〇四頁。強調引用者）

要するに、デュルケームにとって社会現象は、正しく捉えれば誰にとってもそれとわかる「客観的な事実」であり、その本性（nature：ありのままの姿、自然）を捉えるためには、その現象を論じる個々人の主観、彼の党派的利害や政治的な偏見などは排除されねばならないし、そうすることは可能なのだ。

こうしてみると、このデュルケームの実証主義的社会学は、ゾラの自然主義文学のいわば社会科学版であることが理解されよう。すなわち、両者とも、現実をありのままに「客観的に」把握するという態度なのだ。ゾラ自身「人間科学全体が、真実と正義の間近な完成を目指して努力を重ねている」と言っていたのはこのことだ[4]。

ただデュルケームの方が、科学的であり分析的だ。彼の言説はレトリックを排し、社会現象の核心を赤裸々に表す。そこで、そのデュルケームによるドレフュス事件の分析を次に見てみよう。そこには、この事件の「社会的な」本質が、事件の意味するところの直截な指摘が見つかるだろう。

2　ドレフュス事件の根本原理

政治的次元と社会的次元

ドレフュス擁護派知識人の一人として、人権同盟のボルドーにおける指導者の一人として、そして自身ユダヤ人の一人でありまさに当事者として、この事件を直接体験したデュルケームは、事件がまさに進行中の一八九八年七月、論文「個人主義と知識人」を発表し、この事件の意味するところを論じている。

デュルケームにとって、ドレフュス事件における分裂は、単に政治的次元の分裂ではなく、ましてや単なる事実認定次元の分裂ではなく、より深い「社会」的次元での分裂であった。それはユダヤ人大尉ドレフュスが「事実として」スパイ行為を働いたか否かについての分裂ではなく、既に我々が確認した通り、多くの面での対立を含む、しかしいずれにしても社会統合の根本原理を巡っての分裂であった。デュルケームはこの点をはっきりと認識している。彼自身の言によれば、

> 昨日の論争はより根深い不一致の表面的な現れに過ぎず［…］人々の精神（les esprits）は、事実の問題（question de fait）についてよりもずっと、原理の問題（question de principe）について分裂した（Durkheim 1898, p. 262／二〇七頁）

のである。

しかし、このような形でデュルケームの眼前において繰り広げられた社会的現実は、彼の認識に大きな困難をもたらした。なぜなら、我々が先に確認した彼の「社会学的」認識によれば、社会現象は、それがいかなるものであれ、固有の存在性、「客観的な実在性」を持つものであり、したがって少なくとも正しい仕方によってならば、すべての人間によって「他ならぬ事実」として受け入れられるはずである。その意味で、ドレフュス事件は本来外的に観察可能な証拠によってドレフュスの有罪無罪を判定しうる事実問題にとどまるべきものである。だが、現実に、単なる政治的権力争いの水準ではなく、「社会の分解（dissolution sociale）」（ibid., p. 274／二一六頁）に帰結しかねない深い原理的な社会的分裂が生じていることは明らかであった。

デュルケーム社会学が成立するのであれば、社会現象は万人にとって同じ一つの「事実」でなければならない。社会の事実性は、客観性は、普遍性は、どこに根拠付けられ、どこで保証されるのか。この現実、自ら創始した社会学の基盤自体を破壊しかねない現実に対して、デュルケームはどう応えたのか。

彼は言う。

> 社会は、その成員の間に一定の知的道徳的共通性（communauté intellectuelle et morale）がなければ結合されえないことは明らかである。（ibid., p. 271／二一四頁）

「知的道徳的共通性」とは、社会学の先駆者アレクシス・ド・トクヴィルによって「社会それ自体」と呼ばれていたものだ。[5] つまり、人が共に生きる「社会」なるものがありうるためには、そもそもこれを構成する人々の間に最低限の認識と行為の共通性がなければならない。しかし、このことを認めたとしても、その共通性の依って来たるところ、その共通性の源泉にしてこれを支えるものは一体何なのか？　社会を保証するもの——それは同時にデュルケーム社会学を基礎付けるものである——、それはどこにあるのか？　これがドレフュス事件の社会的な根本争点だ。

トクヴィルとその時代は、この共通性を最終的にはキリスト教（カトリック）の神的権威から導出していた。人の世界に外在する唯一にして絶対の神に根拠付けられるのであれば、もちろん論理的には盤石だ。

しかし、デュルケームの時代にあってこの論理は、まさしく反ドレフュス派のものだ。フランス国家＝フランス軍＝キリスト教教権派の主張だ。すなわち、各人に外在し各人に「分《ぶ》をわきまえよ」、「身の程を知れ」と命ずる権威に服従すること、この権威に基礎付けられた規律に全員等しく従うという形で「社会」を成り立たせるべし、さもなければ社会自体が成り立たないという論理だ。要は、ドレフュスは事実としてスパイであろうがなかろうが、社会の安寧のために「分をわきまえて」有罪たるべし、との論理だ。それがドレフュスの「社会的役割」だということだ。

しかし無論、神的超越性を完全に排除し、観察と経験に基づいて実証的に「真実と正義の完成」を目指す合理的な近代科学たるデュルケーム社会学は、ゾラの自然主義と同様、このような論理を認められるはずがない。では、人間の外にある権威と規律の論理を排した上で、なおかつ人間社会に必須の共通性をデュルケームはどのように根拠付けるのか。

デュルケームによれば、歴史の進展にともなう社会の規模の拡大と分業の進展により、個々人の多様性は必然的に増大する。その結果、

> 我々は、同一社会集団の成員が、その人間性（qualité d'homme）すなわち人間的人格一般（personne humaine en général）を構成する諸属性以外には何の共通点も持たない状態［…］に向かって少しずつ進んでゆくのである。（ibid.／同頁）

そして、

個人はその尊厳を、より高い次元の、あらゆる人間に共通する源泉から受け取るのである。個人がこの宗教的尊敬に対して権利を持つのは、彼が自らの内に人間性（l'humanité）のなにものかを保持しているからである。人間性こそ尊敬さるべきもの、聖なるものであり、個人の中のみにあるのではない。［…］人間が同時に対象であり主体であるこの崇拝は、個人として存在しその固有の名前を持つ個別的な存在に向けられるのではなく［…］人間的人格に対して向けられているのである。それ故、こうした目的は、非人格的・匿名的であらゆる個別意識を超えた彼岸にあり、これらの意識の結集の中心として役立っている。［…］ところで、社会が結合を保つために必要な条件は、その成員が同一目的に視線を集め、同一信念を持って結集することである。［…］結局、このように理解された個人主義は、自我ではなく、個人一般（individu en général）の栄光の賛美になるのである。（ibid., pp. 267-268／二一一―二一二頁）

普遍的な人間性としての個人主義

この「個人主義（individualisme）」こそ、そしてなによりもこの「人間的人格一般」、「個人一般」こそ、先の問いに対するデュルケームの回答である。彼にはもはや権威を人間性の外部に見出し、現世における人間の社会性、平等性・同類性を放棄することはできなかった。それは敵対者たち、すなわち反ドレフュス派として歴史の中に表現された教権主義や国家主義の原理であった上に、先に見た彼の社会認識からして不可能な選択であった。さらに、より根源的には、歴史上一旦見失われた超越的権威は、それがどのような形であれ、この時点においてはもはや人間性を支えるものではなく、かえってそれに対する抑圧と感じられたのである。

かつて世界を保証し人間の平等性・同類性を支えていた超越的権威は、[6] ドレフュス事件という歴史的現実の中で国家主義・カトリシズムなどとして、今や社会と人間を抑圧するものとして立ち現れている。それは、事実としてスパイ行為を働いていないことが明らかな人間を、国家の安寧のために有罪としている。加えて、超越性から切り離された、外部を持たない世俗世界＝社会を世界とみなす社会学者デュルケームにはもはや――トクヴィルら前世代の社会思想家とは異なり[7]――そのような（神的）超越的権威を人間の同類性・共通性・平等性の保証人として措定することはできなかった。にもかかわらず、人間の同類性を、すなわち「社会それ自体」を、「習俗」の世界を、「知的道徳的共通性」を保証するためには、その同類性の源たりうる一つの権威を見出すことが、前世代から受け継いだ認識の論理からして不可欠であった。

かくしてデュルケームは、超越と世俗のどちらでもない、その「間《あいだ》」に、人間性を（抑圧するのではなく）保証する権威を見出すという極めて悩ましい地点に到達したのである。そして同時に、この困難な課題に対して「個人主義」、「人間的人格一般」、「個人一般」という回答を与えたのだ。すなわち、社会の発展＝歴史の必然的な進展として、世俗的な「物」としての個人とは区別されると同時にその世俗性の中にこそ見出されうる「人間性」そのものを、「一般的・普遍的ではあるが非超越的な」権威として抽出し、もって社会と人間の新たな保証として位置付けたのだ。以後我々は、人間性を持つ存在一般として、この世俗社会に生きる人間として、人民として、同類であり、人類なのである。

これは、人間性に一般的な聖性を認める、がしかし超越的な神性は認めない一種の疑似宗教、いわゆる世俗宗教であると言えなくもないだろう。実際、デュルケーム自身言う。

> このような［個人主義の］道徳は［…］人間を信徒とし、同時に神ともする宗教でもある。(Durkheim 1898, p. 265／二〇九頁)

ただし、この「宗教」に聖俗や善悪はあっても、現世を超越する神はなく、あくまで現世に生きる人間性の尊重であることは強調しておきたい。再びデュルケーム自身の言によれば、

> 人間は人間に対して神になった (ibid., p. 272／二一五頁)

のだ。[8]

普遍的人間性の起源としてのキリスト教

かくして、社会における人間性はそれ自身至高の目的であり価値となった。これが社会の内実だ。ただし、と言うべきかやはりと言うべきか、この個人主義はキリスト教と全面対立するものではない。むしろ、デュルケームによれば、キリスト教こそがこの個人主義を準備したのだ。

> キリスト教の独創的な点はまさしく個人主義精神の顕著な発達にあった［…］。都市の宗教が精神の欠けた物的行事だけから成り立っていたのに対して、キリスト教は内心の信仰、個人の人格的確信の中に、信仰心の本質的条件を明らかにしたのである。キリスト教は、行為の道徳的価値が、すぐれて内的事物であってその本質上外部の判断からは捉えられず、ただ行為者だけがその機能によって評価できる意志によって測られるべきであることを教えた最初の宗教である。こうして道徳生活の中心そのものが外部から内部に移され、個人は彼自身の行為の最高の審判者にまで高められ、自己とその神以外には何も顧慮する必要はなくなったのである。最後に、キリスト教は精神的なものと現世的なものの究極的分離を完成し、世俗界を人間の争いに委ねて、同時に世俗界を科学と自由意志に任せたのである。［…］それ故、個人主義的道徳をキリスト教道徳の敵対者としてみることは奇異な誤謬である。むしろ前者は後者から派生したものである。
> （Durkheim 1898, pp. 272-273／二一五―二一六頁。強調引用者）

国家と社会

このように理解された個人主義に基づいてデュルケームは、同じ論文の中で、ドレフュスが無実であると知っているにもかかわらず国家のために――そしてそれが直ちに社会のためであるとして――有罪と認定すべしとする国家主義者に反対して、次のように主張したのだ。

> 人格の権利が国家の上にある時、いかなる国家事由も人格に対する侵害を正当化することはでき

ない。(Durkheim 1898, p. 265/二一〇頁)

最近、国家の安泰にとって不可欠だとすべての人が認めている公的行政の機能に支障をきたさないため、この[個人主義的]原理の一時的な隠蔽に同意すべきではないかとの疑問が提起された。[…][しかし]公的生活の機関はそれがいかに重要であれ、一つの道具に過ぎず、目的のための手段でしかない。もし目的から離れれば、どんなに注意深く手段を維持しても何の役に立とう。生きるために、生の価値と尊厳を成しているものすべてを放棄するとは、なんと悲しい打算であろう。

生きるために、その理由を失うとは![9] (*Et propter vitam vivendi perdere causas!*) (ibid., pp. 274-275/二一六—二一七頁。強調原著者)

国家は社会ではなく、社会は国家ではない。社会は目的であり、国家は道具である——我々の生きる俗世たる近代世界においては。この単純だが現実的な関係が見失われたとき、真実は隠蔽され、人間性は抑圧されたのだ。

これがドレフュス事件において顕在化した本質的な問題、ドレフュス事件で問われた原理だ。次節では、この問題を、一般化した形で深化させ、その意味するところを考えてみよう。

第四節　国家の道具性と社会の人間性

生の一条件としての国家という機械

国家は社会ではない。人が駒ないし部品として扱われる国家とは、いわば一つの機械、正確に言えば一つの制度、道具である。ドレフュス事件に即してさらに言えば、国家とは公の権威をまとうことで社会のふりをした制度に過ぎない。以下、このことを説明しよう。

国家は「公共性」の最たるものであると一般に思われている。しかしそうとは限らない。いずれ幸徳秋水が指摘するが[10]、国家は私的なものでありうる。実際、それが制度である以上、その制度を「私的」に利用することはごく自然に可能である。

実際には「私的」であるにもかかわらず、「公《おおやけ》」の権威をまとい、これによって偽りの「共通性」を示すことで自らの至高の「公共性」をかたるもの、ドレフュス事件に現れた、そしていずれ大逆事件で現れる国家とはそうしたものだ。

しかし、人間社会は制度ではない。それは、そこで人が共に生きている現実、デュルケームやゾラが捉えようとした社会的現実のことだ。それは本質的に「共」的なものだ。国家は人間の生の「前提」ではない。国家はそのありうる「一条件」なのだ。

権威をまとった機構たる国家とは、別言すれば一つの装置だ。人はその中でそれぞれの役割を与えられた部品として扱われる。このことの別様の表現が「分をわきまえよ」だ。そこでは、「装置の機能の正常動作状態」が、誤って「社会の安寧」と呼ばれる。

国家の権威は、各人の最低限の共通性の必要から、すなわち確かに社会的に要請される。しかし、制度たる国家の権威は各人に外在しており、これによって各人の共通性は基礎付けられるのだが、それは「みな部品である」という共通性だ。この共通性はつまり、人が共に現に生きている人間社会を基礎付けるものではない。この権威はむしろ非社会的、非人間的であり、各人に疎遠である。またこの権威は、「我無くば汝らも有り得ず」と各人を脅迫し、機構の必要に応じて事実をねじ曲げ、無視し、各人の人間性を多かれ少なかれ減じ、必要に応じて「国民」を殺す。

そもそも権力にとって、つまり自らの意志を他者に強制する力にとって、他者は他人すなわち他の人間である必要はないのだ。むしろ生きた人間でない方が好都合なのだ。自ら考えることなく、反抗もしない存在の方が扱いやすいことは見やすい道理だ。人間の人間性の本質たる自発性・創造性・多様性は権力にとっては邪魔ものだ。

一言で言って、国家権力にとって人間社会は必要ない。それどころか理念的にはそのようなものはない方が好都合なのだ。実際、我々が見てきた通り歴史の事実を見れば国家権力は、たとえそう自称しようとも、人権を守りなどしなかった。むしろそれを破壊したり無視したりするのが通常であり本質だ。この点で国家と社会はむしろ対立しているのだ。強力な国家の存する土地に、社会は、原理的に存在できないのだ。

人間概念の不安定さ——愛と賭け

にもかかわらず国家が要請されているのはなぜか？　それはもちろん人間の共通性という社会的必要からだ。しかし人間の共通性はなぜそこまでして要請されるのか？　それはそもそもこの人間という概念が原理的に不安定だからなのだ。

我々が共に同じく人間であるという認識は、そしてそのような存在として共に一つの社会を成しているという認識は、実は自明で当然の事実ではない。この論点は別所で既に詳しく論じたので[11]ここでは詳論は避けるが、それは経験を超えた宗教性によってまず感知され、その後世俗的世界において歴史的に生み出された認識である。デュルケームと同時代のフランスの哲学者アンリ・ベルクソン[12]がいみじくも表現した通り、そもそも我々が生きる近代社会の基本的人権概念を支えている「すべての人間はある優れた本質に等しくあずかっている」（Bergson 1932, p. 247／二八六頁）という根本観念は「日常経験とほとんど合致しない」（ibid.／同頁）ということの方こそむしろ経験的に自明であろう。

人間を外的可感性に基づいて定義することは徹底的に不可能だ。人間の形態・外面は人間性の手掛かりに過ぎず、その根拠とはならない。なぜならば、人間が人間たりうるのは、創造的な自由に、自発的変容に、反省的な自己意識に、つまりはそれ自身外的には知覚不能で不可視なものにあるからだ。我々人間が有機的生物であることは、「人間」が「ヒト」であることは、我々の生の一条件でしかない。

にもかかわらず、我々が人間同士として日常社会生活を送っているのはなぜか？　この疑問に対しては、私がかつて記した文章を再掲して答えよう。

我々が互いに同じ人間であることは世俗社会内の経験では最終的に根拠付けられない［…］。二月革命を経る以前のトクヴィルがそうであったように、後年のデュルケームが暗黙の内に気付いていたように、人間は chose として、自然物として、客体として、人間であるわけではないのだ。そしてこのことは、生物種としての共通性という自然にあってさえそうなのだ。「人類」「人間」はまったく歴史的で社会的な構成概念である。人間の人間性は物質的現実としての nature（自然＝本性）にはない。この意味で、我々が共に人間であるということは、常識に反し、自明なことではなく、逆に極めて不安定な「事実」なのだと言いえよう。

だがしかし、まさしく否定し難い日常経験として、我々は毎日ごく当たり前に、人間とそうでないものを見分け対応しているではないか？　これはまったくの錯誤なのだろうか？　しかしそう考えることはまさしく直接経験を否定するという現実離れの誤りを犯すことになろう。では、この「自明な」認識判断は何に負っているのか。我々は人と接する時、その根底において何を経験しているのか？

それは、トクヴィル、デュルケーム、ベルクソンと共に歩んできた我々が最後に到達した、「愛」である。

詳細な説明が必要だろう。

まず、ここでいう愛とは、いささかも「感情」ではない。愛（amour）と愛情（affection）は峻別せねばならない。愛情とは特定の限定された対象に対するコミットメント、つまり執着(attachement)の一つである。「何が何でもこの人じゃなきゃダメだ」とか「私だけを永遠に愛して欲しい」とかいったことだ。それは、これらの例が端的に示している通り、限定であり、固着であり、不動性であり、不自由であり、したがって我々の観点から見ればはっきりと生の対極、すなわち死につながっている。

対してここでいうところの愛とは、好悪ではなく自発的変容という否定し難い事実の承認のことである。自分を愛するとは、自分が自由で創造的な、常に内発的に変化する存在であるという現実を、明らかな意志を持って受け入れることだ。そして、人を愛するとは、ある存在の中に反省的で内発的な変容としての生を、そしてこの意味における自由を見て取ることだ。これを人格の尊重と言ってもよかろうし、ある水準では人権の尊重と言ってもよかろう。現代の日常語の中では「配慮」がこれに最も近い意味を持つだろう。隣人を愛するとは、他者もまた自由な存在であるということを、他者もまた生きているということを覚知し承認し尊重することである。

他者がそのような存在であること、つまり他者もまた自己意識を持つ存在として人間であることはしかし、外的にも内的にも可感的には確認不能・根拠付け不能だ。可感的世界において他者は、外的には身体という物質として私に現れ、内的には直接には何も与えられないのだから。他人の心はそのものとして私の内面に与えられていない。唯一私の内の私の持続・私の自発性・私の自由だけが、私が可感的に経験できる人間的生である。他者が、私が自分の中に直観しているのと同じ生命であるかどうかは、可感的にはわからない。ましてや他人の気持ちなど原理的にわかりようがないのだ。わかったと思っても、それは期待や推定でしかありえない。そうである以上、この尊重、この配慮、他者に対するこの愛は、一つの「飛躍」とならざるをえない。それは理性による論理的な演繹ではない。他者も自分と同じく人間であると承認することは、なんら経験に基づいた合理的な認識でも判断でもない。実のところそれは、一つの決断、一つのまったき「賭け」なのだ。この限りにおいて他者への愛は、またしたがって我々が共に生き社会を成していることは、外的内的経験に根拠付けられていないという意味で、まったく非自然的、非物質的であり、非合理的であり、この意味で、人間社会は可感性を超え超越的であらざるをえないのだ。

しかるに、自分の愛は否定し難き経験的事実である。それは、自由意志の経験そのものの確認であり、自らの自由の直接的覚知であり、内発的変容としての生の無媒介の覚知である。要するに、自分が生きているということと同義である。自分が生きているということを、経験に即して、いかに疑いえようか。(菊谷 二〇一一、一七七—一八〇頁)

そしてこの愛、この賭けこそ、他者の創造行為そのものであり、その別名は信頼だ。賭け賭けられるその相互創造の全体が人間社会を成しているのだ。ゾラも呼び掛けていた。「この人間の統一［…］そのためには一〇〇〇年の歳月を要するかもしれない。それでも愛(amour)の最終的な実現に信を寄せ続けようではないか。少なくとも手始めとして［…］互いに愛し合おうではないか」(Zola 1896, pp. 783-784/二四二—二四三頁)、と。

［…］一つの賭けであるところの他者への愛、一つの決断である愛、反省的で自由な存在としての他者の無根拠で非論理的な承認であるところの愛とは、むしろそのようなものとしての他者の「創造」なのだ。経験に即せば、そのような他者、〈私〉の内面に無媒介に覚知される「人間性を備えた他者」など、経験に対しては露ほども現れないのだから。そうである以上、厳密に言えば、私が他者を人間として扱い他者の心を察し理解しようとする時、他者の可感的外見や身体運動をもって他者の人間性を「推定」しているとさえ言えないのだ。その「推定されるなにものか」が存在する保証など、それどころかそのわずかな根拠さえ、外的に可感的な世界の経験の中には、世俗世界の経験の中には、どこにも存在しないのだから。それは実際のところむしろ「存在して欲しい・存在するはずだ」との「期待」に過ぎない。

　しかしこの「期待」は、我々の日常的な生の中でほとんど無条件の確信を持って感じられている。それはつまり、我々は生きているというこの否定し難い経験的事態を自発的変化＝自由＝創造性＝生命と捉えるのであれば、そのようなものとして私が他者を日々創り上げているということなのではなかろうか？　他者が他者であると、他者も生きた人間であると否定し難く見えることそれ自体が私という生の創造性の発露であり、またそのことによってこそまさしく他者が自由な存在として創造されているのではないか？　そしてわれわれは相互にこの創造行為をし合っているのではないのか？（菊谷 二〇一一、一八〇―一八一頁）

というのも、私の人間性に賭けてくれている他者がいなければ、つまり私を人間として愛してくれている他人がいなければ、私は生きていないはずだからだ。他者の精神は私にまったく与えられてはいなくとも、私が生きているということが否定し難く私に経験されているという事実それ自体が、そのような他者が存在していることを前提としているのだ。逆に、他者の人間性の否定とは他者の生の否定であり、それは一定の「殺し」であって、今ここに私が人間として存在していることそのものが、つまり「殺されてはいない」という事実が、私に賭け私を愛する何者かの存在の証拠なのだ。この意味において、

この相互創造する存在の全体が人類なのではないのか？　人間社会の定義はここにあるのではないのか？（同書、一八一頁）

人間的超越性、生の外枠たる国家と内実たる社会

それは、キリスト教のような神的超越性とは区別される、いわば人間的超越性の領域としての社会である。

人間的超越性は、一方で、自分の自由については意識に直接与えられているが故に確実に経験可能である点で、また（他者の身体を含む）物質世界に外的知覚によってのみ接する点で、確かに世俗性を持つ。しかし他方これは、自由な存在としての他者については経験的な確認が一切不

能である点で、それは賭けであり愛でしかありえない点で、超越性を持つ。〔…〕この二重性においてて我々は人間として現に生きていることが、これこそが人間に与えられた生の現実そのものなのだということが、理解されよう。（菊谷 二〇一一、一八八頁）

神の超越性を離れ世俗化された近代人間社会の集合性は意志に基づき、特定の形式を持たないが故に、これを支える形が常に要請される。この意味において国家は不安定な近代社会生活における各人にとっては「心の拠り所」なのだ。そこに国家の権威がつけいる隙がある。人間の同類性を世俗的な現実において支える拠り所として、外的制度たる国家の権威が求められるのだ――デュルケームが定式化した意味での「個人主義」すなわち「人間性」の内的権威ではなく。

つまり、人間的生の創造性・自発性に由来する、賭けの網としての人間社会の外枠の不安定さ故に、制度が、近代ではとりわけ国家が強く要請される。この不安定さ、他者の人間性の不安定さが、他人に対する恐怖・不安をもたらす。ここからまた各人の心の拠り所として「我々」が要請され、そこに国家や会社や学校といった各人に外在するが故にわかりやすく依存しやすい制度が「社会」であると積極的に誤解されるようになるのだ。

この意味において、反ドレフュス派もドレフュス派も、（後に見る山県有朋も幸徳秋水も）同じ人間社会の原理的不安定さへの、ただし方向の異なる――一方は秩序を外的強制の結果と考え、他方はこれを内発的調和の結果と考えた――対応であったとさえ言いうるだろう。

しかし、今ドレフュスと共に見た通り、そしてまたいずれ幸徳秋水と共に見るように、制度は命を殺す。外的強制の貫徹は内的自発性とは相容れないのだ。

制度つまり外的な形とは、不定形の内実に課された外枠だ。社会的生に課されたものが「社会制度」だ。むろんそれは、物質からなるこの世界で人間性が生き延びるために必要な、おそらくは不可欠なものだ。物質に支えられない人間（性）など、形式に支持されない内容などこの世にはありえないのだから。しかし、だとしても「社会制度」はあくまで生のための道具なのだ。それを忘れてはいけない。制度それ自身とはあくまで、生という自発的変化を枠付け固定するもの、この意味においてそれ自身としては固定性・不動性そのものであって、つまりは変化を抑える無生のもの、一言で言って「死」の一種なのだ。

これに対して自然主義のいう現実、ゾラのいう真実とは、人間が日々苦闘しつつも自由意志を持って他者と共に生きているという生の事実、意識に内的に直接与えられたこの事実のことだ。決して外的固定的制度のことではない。

この背反をなんとか統合しようとした歴史的努力、国家と社会を一致させようとする涙ぐましい努力こそ共和制なのだろう。がしかし、その共和制でさえ、この目的を完全に達成できたわけではない。

デュルケームの言う通り国家は――いや実のところ国家のみならず会社も学校も、いわゆる「社会」制度なるものはすべて――人が生きるためのあくまで一手段、一つの道具だ。その維持のために社会という人間の共生を犠牲にするのは本末転倒であり、我々が人間として共に生きているという経験からの乖離、現実からの乖離であることに気付かねばならない。さもなければ人間性（人類

(humanité)）は生きられない。これこそがドレフュス事件の根底にある社会的教訓なのだ。

第2章

永井荷風 I

——生い立ち〜渡米〜渡仏

ゾラの同時代人、永井荷風

前章で確認した諸概念と共に「日本社会」の検討に入ろう。

ゾラやデュルケームと同じ時代を生きた一人の日本人がいる。明治後期に経済的にも文化的にも豊かな家庭に生まれ、フランスに憧れ、フランスの文芸を摂取し、洋行自体が困難な時代にあって一年に満たない決して長くはない期間であるがフランスに過ごした日本人が。自然主義文学に深く影響され「日本のゾラ」を内心目指していたであろう日本人が。

彼こそ、これまでもっぱら文学者として評価され社会思想の領域ではほとんど扱われてこなかった文豪、永井荷風（一八七九（明治一二）—一九五九（昭和三四）年）である。

荷風に対して今日一般的に付与されているイメージといえば、「偏屈な個人主義者」、「芸術に耽溺した趣味人」、「世間を超脱した自由人」といったところだろう。

これらは間違ったイメージではない。というよりも、その通りだ。一生を独身で通し、子を持つこともなく自由な恋愛を謳歌した荷風。世の風潮など意に介さず「断腸亭」、「偏奇館」と名付けた邸宅に独り住まい、自意識過剰で芸術に耽溺した荷風。戦時下に入ってさえ時代に背を向け各地を逃げ回り、あくまで個人的に、勝手に、自由気ままに、思うがままに行動した荷風。

しかし、このイメージの正しさにもかかわらず、実は彼は他方で、「日本のドレフュス事件」とも呼びうる日本社会思想史上の一大事件、大逆事件に強く反応している。そしてドレフュス事件におけるエミール・ゾラと自分を比較し、自らを卑下し、以後は「戯作者」に身をやつし、いわば「偽物」

として生きる他ないと決意することになる。[1] 要するに、荷風は、社会的事件から大きな影響を受け、以後の人生を決定付けられているのだ。

では、「世間の雑事などどこ吹く風」の「趣味人」であるはずの荷風が、実際には後半生を決定付けるほどの衝撃を、自分には直接関わりのない社会的事件から受けたのはなぜか。そこには単に彼の私的な趣味嗜好には還元できない「社会的な」理由がある。そしてその「社会的な」理由は、フランスと日本における「社会」の誕生の歴史的過程と密接につながっている。

この点を明らかにするためには、これまで文学界ならぬ社会思想界ではほとんど顧みられなかった永井荷風のフランス受容を確認し、その意味を把握しておく必要がある。本章では以下、この作業に従事しよう。

なお、本書では文豪永井荷風を扱うものの、用いる視角は文学のそれではないことをお断りしておきたい。すなわち本書は文学研究ではない。そうではなく、明治・大正・昭和と続く決して短くはない時代を生きた人物として、しかも日清・日露戦争から第一次世界大戦を経て第二次世界大戦にまで至る近代日本の激動期に、数多くの歴史的事件を目撃し体験し時代を生き抜いた一人の人間として彼を扱い、その社会思想史上の意義と現代的意義を抽出しようとするものである。したがって文献としては、荷風の創作した数多くの物語と同じくらいに、いや時にそれ以上に、日記や随筆を参照することとなる。

第一節　洋行前

1　生い立ち

荷風誕生

まずは、永井荷風という人物の生い立ちを確認することから始めよう。[2]

永井荷風、本名永井壮吉《そうきち》は一八七九（明治一二）年一二月三日東京に生まれた。父・久一郎は、アメリカの複数の大学（プリンストン大学、ラットガス大学など）への留学経験を持ち、また中央省庁（文部省、内務省等）に勤務する、紛う方なき国家エリートであった。また母・恒は、久一郎の師の儒学者、鷲津毅堂《わしづきどう》[3]の娘である。

この経済的にも知的にも恵まれた家庭環境を背景に、壮吉は当初、東京女子師範学校（現・お茶の水女子大学）附属幼稚園、黒田小学校初等科・尋常科、東京府尋常師範学校（現・東京学芸大学）附属小学校高等科、高等師範学校附属学校尋常中学科（現・筑波大学附属中学校・高等学校）と、生まれから予想される通り順調に学歴を重ねて成長する。またもちろん、漢学・日本画・邦楽・歌舞伎といった基礎的な教養も、母の影響の下で修得した。

ところが、中学在学中の一八九四（明治二七）年、病を得た壮吉は、休学・入院・長期療養を余儀なくされる。この間に読み漁った文学（『真書太閤記』、『水滸伝』、『西遊記』、『東海道中膝栗毛』など）が、後の小説家永井荷風の基盤となった。と同時にこの時期、生まれによって与えられた学歴エリートのコースから外れ始める。

事実、一八九七（明治三〇）年三月中学を卒業したものの、同年七月には第一高等学校（現・東京大学教養学部）入試に失敗する。その後、高等商業学校（現・一橋大学）附属外国語学校（現・東京外国語大学）に臨時入学するも長続きせず、一八九九（明治三二）年一二月には除籍となっている。

また壮吉が入院中、初恋の相手となった看護婦の名前「お蓮」にちなんで「荷風」を名乗り始めたのもこの頃であり[4]、その意味でこの病の経験こそ、永井壮吉ならぬ永井荷風を名実共に誕生させたものと言えよう。

永井荷風の生い立ちはおおよそ以上のようなものである。やはり経済的にも知的にも高水準の家庭出身という背景の影響は、良くも悪くも非常に大きい。実際、次節以降で見る通り、青年荷風の知性を陶冶《とうや》した知的経験、今日と異なりまったく特権的である外国滞在は、家族の、中でも父の経済力と人的つながりにほぼ全面的に負っている。荷風が生地日本を実際に離れ、これと距離を取って独自の思想を得ることができたのは、この父の配慮による外国経験なくしては考えられない。

家族共同体、父

しかし、であるが故に、この家族と生地という二つの共同体は、荷風にとって土台であり不可欠の前提であると同時に、彼の意志的飛躍にとってはそれだけ大きなくびきとなった。いずれ見る通り、彼はこれらと格闘し、その結果独自の認識を得ることになる。

議論を先回りして言えば、青年荷風は、父の掌の上で駆け回っていたに過ぎなかった。荷風にとって、父は巨大で怖ろしい力、しかし同時にその力から完全に離れて生きることなど考えられない、畏怖すべき支えであった。そこに彼の家族共同体に対する葛藤がある。温かい家庭を望みつつも、彼が現に今あるのはそうではない彼の家庭に負っているという葛藤が。情を基盤とする伝統的な家族共同体と、意を基盤として生まれつつある人間社会の葛藤が。

後に荷風は言う。

> 無邪気な幼心に、父と云ふものは恐いもの、母と云ふものは痛《いたま》しいものだと云ふ考へが、何より先に浸渡りました。
> 私は殆ど父の膝に抱かれた事がない。[…] 私は恐くて近《ちかづ》き得ないのです。[…] 私は自然と父に対する親愛の情が疎くなるのみか、其の反対に、父なるものは暴悪無道な鬼の様に思はれ[…]。
> […] 円満な家庭のさまや無邪気な子供の生活を描した英語の読本、其れから当時の雑誌や何やらを読んで行くと愛《ラブ》だとか家庭《ホーム》だとか云ふ文字の多く見られる西洋の思想が、実に激しく私の心を突いた《[ママ]》です。同時に我が父の口にせられる孔子の教だの武士道だのと云ふものは、人生幸福の敵である、と云ふ極端な反抗の精神が[…]。(「一月一日」、『荷風全集』第四巻、一七五―一七六頁)

ああ、一日も早く吾等の故郷にも、此の様な愉快な家庭の様を見る様にしたいものである。試みに、自分が養育された家庭《ホーム》の様を回想せよ。四書五経で暖い人間自然の血を冷却された父親、女今川と婦女庭訓で手足を縛られた母親。音楽や笑声なぞの起りやうはない。父は夜半過るまでも、友人と飲酒の快に耽り、終日の労苦に疲れた母親に向つて、酒の燗具合と料理の仕方を攻撃するのを例としたが、ああ、其の時の父の顔、獰悪な専制的な父の顔、唯だ諾々《はいはい》盲従して居る悲し気な、無気力な母親の顔、自分は小供心ながら、世に父親ほど憎いものはないと思つたと同時に、母親程不幸なものも有るまいと信じた程である。然し、世は遂に進歩するものであるならば、此の野蛮な儒教時代も早晩過去の夢となり、吾等の新しい時代は遠からず凱歌の声を揚げるであらう。（「市俄古《シカゴ》の二日」、『荷風全集』第四巻、二〇四―二〇五頁）

この点については、今は指摘にとどめよう。さらなる検討は、荷風自身の経験と言葉を次節以降で見てからとしよう。

家族的背景としてのキリスト教

今一つ、これまでの荷風研究ではさほど重視されていない彼の重要な背景を指摘せねばならない。キリスト教である。

荷風自身はキリスト教信者ではない。しかし、太田愛人が指摘する通り（太田　一九七九、一九六頁）、荷風の家系には明治時代にあって珍しく早いキリスト教受容が見られる。祖母と母と次弟（末弟）は信者、父は信者ではないものの理解者であり、さらに、自分の思想をもっともよく理解してくれたという長弟鷲津貞二郎に至っては下谷に教会を建てた牧師である。

貞二郎は余とは性行全く相反したる人にて、其一生を基督教の伝道にさゝげたるなり、放蕩無頼余が如きものの実弟に此の如き温厚篤実なる宗教家ありしはまことに不可思議の事といふべし（「断腸亭日乗」一九二七（昭和二）年一二月一五日、『荷風全集』第二二巻、一〇七頁）

この背景は、父親の葬儀を思い返して記述した荷風自身の言によって端的に確認できる。

［一九一三年一月］五日の朝十時神田美土代町基督青年会館にて邪蘇教の式を以て葬儀を執行し、雑司ケ谷墓地に葬りぬ。先考は耶蘇教徒にてはあらざりしかど、平生仏僧を悪み、常に家人に向つて予が葬式は宣教師に依頼すべし。それも横浜あたりの外国宣教師に依頼するがよし。耶蘇教には年会法事の如き煩累なければ、多忙の世には之に如くものなしなど語られし事ありしかば、その如くになしたるなり。尤母上は久しき以前より耶蘇教に帰依し、予が弟鷲津氏は早くより宣教師となり、神学に造詣あり。（「断腸亭日乗」一九二六（大正一五）年一月二日、『荷風全集』第二一巻、三八六―三八七頁）

このキリスト教という背景は、荷風に伏在するいわば通奏低音の一つである。それはいずれ荷風が「社会」と「人間」を獲得する基盤となる。

2　エミール・ゾラ――写実的自然主義

日本のゾラ

渡仏（一九〇七（明治四〇）年七月）前、そしてそれに先立つ渡米（一九〇三（明治三六）年九月）前、つまり日本を実際に離れる前に、作家志望の青年荷風が特に強く惹かれていたのは、あのエミール・ゾラである。荷風のフランス受容の基点はここにある。

実際、自らの思想の来歴を語った随筆「吾が思想の変遷」において、西洋文学との、邦訳を介さない直接の出会いについて語る中で荷風は言う。

最初には先づ多少英語の智識があつたから、ジヨージ・エリオツトーとホーソンを読んで見たが［…］期待した程の面白味は感ずる事が出来なかつた。所が其の後何心なくゾラの英訳を繙いて見ると、これは訳文も読み易く、又ゾラが旧文芸に対するあの雄々しい反抗の態度が、非常に自分の性情に適したやうに思はれた。で一冊、又一冊、殆どゾラを通読して了つた。（「吾が思想の変遷」、『荷風全集』第六巻、三七二頁）

西洋文化との接触のごく初期に荷風は、ゾラの写実的自然主義をむさぼるように摂取したのだ。それは深く内面化され、彼の知識人としての思想の地盤となった。例えば、森鷗外に絶賛され荷風の評価を確立した『地獄の花』(一九〇二年)は、紛う方なき自然主義文学作品である。

ところで、我々が既に見た通り、この自然主義とは、ドレフュス事件においてなによりも偽りのない事実を、真実を求めたゾラの生き方そのものであった。つまり、眼前で日々展開されている人間の現実の生を隠蔽することなく、事実のまま、写実的に描き出し、明るみに出そうとする態度だ。

その本質をより詳しく言えば、それは、眼前の、すなわち感覚に捉えられるありのままの自然(nature)の中に、いやそのような自然において、本質(nature)を捉えようとする態度であり、人間世界に対するそのような構えである。これは超越的思弁ではなく世俗的可感的世界において人間の普遍的な本質を見出そうとする態度であり、したがって超越と世俗の間を狙うものである。それは人間主義(ヒューマニズム)の一形態であり、また一種の科学主義とも言える。

ゾラ自身はこのことを次のように表現している。

> 共和国がすぐれて人間的な政体であり、普遍的な調査に基づき、多くの事実によって決定される、一言で言って一国民の観察され分析された諸欲求に応える政体だと考えるならば、私は自然主義こそが[世俗的であるところの]共和主義的な文学であると主張する。我々の世紀[一九世紀]の実証科学はすべてそこに由来するのだ。(Zola 1879, p. 1395/一二一頁)

ロマン主義は疑いもなく理神論的である。ヴィクトル・ユゴーはカトリック教育を受け、そこからきっぱりと抜け出すことは決してできなかった。［…］彼の詩句の最後には、かならず神が現れる。［…］次に自然主義に移ってほしい。たちまち実証主義の地盤の上にいると感じられるだろう。これは事実だけを信じる科学の世紀の文学に他ならない。［…］自然主義作家は神の問題について見解を述べる必要はないと考える。［…］自然主義作家は自然の研究を最初から、分析の段階からやり直す。その作業は化学者や物理学者のそれと同じである。(ibid.／一二一―一二二頁)

だからこそ、ゾラは言う。

科学に賛同する者は誰でも、我々自然主義作家に賛同しなければならない。(ibid., p. 1396／一二三頁)

荷風の自然主義についてももちろん事態は同じだ。秋庭《あきば》太郎は、高須梅渓《ばいけい》の言を引き伝えている。

この作［『地獄の花』］によって荷風ははやくも［小杉］天外と共に、すぐれた自然主義作家と目されるに至った。「［…］天外荷風らによって日本の文芸は始〔ママ〕めて近世科学の精神に抱合すべき端

緒を得た」とは文芸史家高須梅渓の批評である。（秋庭 一九六六、(上)一〇九頁。強調引用者）

この通り、荷風がゾラから引き継ぎ日本に導入した自然主義文学は、先にデュルケームと共に見た実証主義的社会学と同じ視角、同じ精神に基づくものであることが理解されよう。それは人間の現実を、人々が生きる現実の場を、つまり社会を「客観的に」、「写実的に」認識し、社会的生の事実を理解しようとする同じ構えなのだ。

こうした写実的自然主義の中でも特にゾライズムと称される立場は、人間の生をどちらかと言えば醜悪な面から描く点に、人間の社会的生に伏在する暗く汚い現実を暴き出し明るみに出そうとする点に、その特徴の一つがある。まさしくゾラがドレフュス事件において正義と真実のためにそうしたように。荷風自身も後にこの時期を振り返って次のように述べている。

> 其の頃の私の作品と云へば、凡てゾラの模倣であつて、人生の暗黒面を実際に観察して、其の報告書を作ると云ふ事が、小説の中心要素たるべきものと思つて居た。（「吾が思想の変遷」、『荷風全集』第六巻、三七二頁。強調引用者）

かくして、そもそもゾラとの出会い以前から既に遊郭など人間の「悲惨」、「深刻」を描き始めていた荷風[5]は、次節で見る通り、ゾライズムを正しく受け継ぎ西洋を体験することとなる。

第二節　アメリカ体験――事実としての普遍性への接近

1　根本問題――西洋文明と日本

社会的共同生活

真の文明の内容を見ないから、解しないから、感じないから、日本の欧洲文明の輸入は実に醜悪を極めたものになつたのだ。〔…〕其れを実用する人間が社会的共同生活の意義を知らないから、あの通りの乱雑、醜態を極める事になる。僕は日本人が文明の内容に省みない以上は、どんな美しい外形を粧つても何の益にも立たないと思ふ………（「帰朝者の日記」、『荷風全集』第六巻、一七〇―一七一頁。強調引用者）

これは、通算四年八ヵ月におよぶアメリカ・フランス滞在を終えて帰国した翌年に発表した小説「帰朝者の日記」（一九〇九（明治四二）年。のち「新帰朝者日記」と改題）の中で、自身を投影した帰朝者たる主人公に荷風が語らせた台詞である。

しかし、これは一体どういう意味か？　荷風が西洋体験で得た、しかし日本人が見も解しも感じもしない「真の文明の内容」たる「社会的共同生活の意義」とは何のことか。

学者ならぬ荷風は分析的な解説などおこなわない。これを理解しようと思うならば、我々の側で読み解いてゆくしかない。そこで以下、この大きな問いを念頭に置きつつ、荷風の西洋滞在体験、すなわちアメリカ滞在とフランス滞在体験を追ってみよう。そして、彼がそこで得たものを探り出そう。

2　アメリカへ

遊学、父

一九〇三（明治三六）年九月二二日、荷風は日本郵船信濃丸に乗船し、アメリカに向けて横浜港を発った。これは、まともに学校も続けられず、落語家に弟子入りするなど不安定な生活を送る息子の将来を案じた父の指示によるものである。

余が父は余をして将来日本の商業界に立身の道を得せしめんが為め学費を惜しまず余を米国に遊学せしめしなり。（「西遊日誌抄」一九〇六（明治三九）年七月一〇日、『荷風全集』第四巻、三二六頁）

同年一〇月七日、荷風はシアトルに上陸する。その後、父のつてを頼りタコマに下宿。同地のハイスクールでフランス語を学ぶと共に、[6] しばしばシアトルに出向き、アメリカに出稼ぎに来た日本人の醜悪な生活を体験する。翌一九〇四年一一月にはミシガン州カラマズー（カラマッズウ）に転居し、カラマズー・カレッジにて英文学と共にフランス語を学ぶ（翌年六月まで）。この間、その時々の経験を元に、短編小説や随筆を執筆。要するに、父の財力と人脈を前提とした、まさしく遊学であった。

その後一九〇五年七月からワシントン日本公使館に勤務したりもしたが長くは続かず、結局この状況を憂えた父の手配により、意に反して、同年一二月から横浜正金銀行ニューヨーク支店に勤務することとなる。

しかし、日がな一日部屋にこもり金勘定に明け暮れる規則正しい銀行員生活は、彼の性にはまるで合わず、苦痛以外のなにものでもなかった。先の引用文は次のように続く。

> 子たるもの其［父の］恩を忘れて可ならんや然れども如何にせん余の性情遂に銀行員たるに適せざるを。（同頁）

荷風のアメリカ滞在は、この後一九〇七年七月にフランスに渡るまで約四年間続く。が、実際のところ、荷風はアメリカにあってアメリカを摂取したのではない。むしろ彼は、アメリカにアメリカ以外のものを見た。つまりアメリカでフランスを摂取したのだ。

ニューヨークに至る前から既に、荷風はアメリカにありつつフランス語を熱心に学んでいた。実際、荷風はむしろ英語嫌いであり、ニューヨークにおいても銀行勤務の傍らフランス語とフランス文学[7]を必死で学んでいた。

無論直接の体験に支えられないフランス摂取は十全なものではなかった。しかしそれは、結果として渡米に直続する、予期せぬ渡仏の不可欠の準備となった。川本皓嗣が指摘する通りそれは、荷風にとっての聖地パリに辿り着くまでの「聖地巡礼」の道程であり、「至福の体験に向けて巡礼者の魂を鍛え、準備するための試練の過程」(川本 二〇〇二、三六八頁) であったのだ。

このようなアメリカ滞在で荷風が得たものは、固有の意味でのアメリカ的なものではなかったとしても、しかし西洋的なものではあった。また、その西洋体験との格闘の中で、一人の生きた人間として得たものも少なくない。それらは続くフランス滞在・体験を経て全面展開されるであろう。

以下本節では、そうした荷風のフランス受容を見る不可欠の前提として、荷風のアメリカ受容の中に含まれる、互いに関連した二つの胚種を指摘しておきたい。すなわち、「人間の生の現実」と「普遍性の展望」である。これらを荷風のアメリカ体験から直接生まれた著作『あめりか物語』の中に順に見てみよう。

3 人間の生の現実——場末の生への眼差し

娼婦イデス

銀行員に象徴される「型にはまった生(活)」などできない荷風は、むしろ好んでアメリカ各地の下町、貧民街に足を運んだ。それは、若き日にパリの裏街を放浪したゾラに比すべき生き方であり、まさしくゾラの写実的自然主義に従った姿勢だ。それは、人間の醜悪な面を通じて、「人生の暗黒面を実際に観察して」、人間一般の生の本性（自然）を現実の中に見出そうとする態度であった。

荷風が実際に赴いた場所とそこでの経験内容には、シアトル日本人街の見聞など多くのものが含まれる。しかし、そうした様々ある醜悪な生の直接経験の中でも、娼婦イデスとの耽溺生活こそは彼の人生にもっとも大きな影響を与えたものだろう。

荷風のアメリカ滞在を日記形式で記録した「西遊日誌抄」によれば、イデスとの出会いは一九〇五（明治三八）年九月一三日、ワシントンのポトマック河畔である。日本公使館で意に沿わぬまま性に合わぬ仕事を続けつつフランス行きの機会を探ってはみたものの、二週間前（八月二九日）には「予の仏蘭西行にはいかにするとも同意しがたき旨」の父からの手紙に接し、心底落胆していたちょうどその時のことであった。九月二三日には再び同様の父からの手紙に接し、

仏国に遊ばんと企てたる事も予期せし如く父の同意を得ざりき今は読書も健康も何かはせん。予は淫楽を欲して已まず淫楽の中に一身の破滅を冀《こひねが》ふのみ。先夜馴染みたる女の許に赴き盛にシヤンパンを倒して快哉を呼ぶ。（「西遊日誌抄」一九〇五（明治三八）年九月二三日、『荷風全集』第四巻、三〇九―三一〇頁）

かくして以後、アメリカを離れる一九〇七（明治四〇）年七月までのおよそ二年間、不真面目に銀行員などを務めつつも、娼婦イデスとの耽溺生活が続くこととなる。この生活は無論晴れやかなもの

ではなくむしろ暗く乱れたものであり、荷風がニューヨークに移って以降はさらに愛憎相まみえるものとなった。

娼婦イデスの手紙来る事連日なりわが心歓喜と又恐怖に満さる。(「西遊日誌抄」一九〇六(明治三九)年二月一四日、『荷風全集』第四巻、三一八頁)

遂にニューヨークまで荷風を追ってきたイデスとホテルで過ごしつつも、

余はイデスと共に永く紐育《ニユーヨーク》に留りて米国人となるべきか、然らばいつの日か此の年月あこがるゝ巴里の都を訪ひ得べきぞ。余は妖艶なる神女の愛に飽きて歓楽の洞窟を去らんとするかのタンホゼルが悲しみを思ひ浮べ、悄然として彼の女が寝姿を打眺めき。あゝ男ほど罪深きはなし。(「西遊日誌抄」一九〇六(明治三九)年七月八日、『荷風全集』第四巻、三二五頁)

イデスとの生活が荷風の精神に後々まで大きな影響を残したことに疑いの余地はない。実際、イデスが『腕くらべ』(一九一六—一七(大正五—六)年初出)の駒代、『濹東綺譚』(一九三七(昭和一二)年初出)のお雪のモデルとなったことはよく知られていよう。

しかし、我々がここで注目したいのは、むしろそうした文学上のモデルを捉える荷風の眼差しそのものである。というのも、このイデスとの交流における荷風の視線には、醜悪な弱者に対する冷淡さがまったくないのだ。裏街で阿片を吸って生きる売春婦という社会の下層の醜く汚らわしい人々に対してさえ、蔑《さげす》みが微塵も見られないのだ。

写実的自然主義を信奉する荷風にとって、裕福な自分の家庭環境とはまるで異なる生活を送る彼らは、まずもって「観察対象」であった。その悲惨さを余すところなく暴き出し写実するその対象だ。しかるにその視線には、単なる「観察対象」にとどまらない、同じ人間としての共鳴が、共に生きる人間としての確かな連帯感がある。

余はかゝる［自由を欠いた銀行勤務の］苦痛を忍びし後は必《かならず》支那町の魔窟に赴き無頼漢と卓子を共にして酒杯を傾け、酔へば屢賤業婦の腕を枕にして眠る。余は支那街の裏屋に巣を喰へる此れ等米国の賤業婦が、醜悪惨憺たる生活を見て戦慄すると共に又一種の冷酷なる慰藉《いしゃ》を感ずるなり。彼等も元は人なりき。人の子なりき。母もありけん。恋人もありけん。而も彼等は遂に極点まで堕落し終れり。凡ての希望を失へる余は此等堕落の人々に接する時同病相憐む底の親密を感ぜず。余は彼等が泥酔して罵り狂へるさまを見る時は人生を通じて深き涙を催すなり。嗚呼彼等不潔の婦女、余これを呼んで親愛なるわが姉妹となすを憚らず。（「西遊日誌抄」一九〇六（明治三九）年六月二〇日、『荷風全集』第四巻、三二三—三二四頁。強調引用者）

この連帯感、このヒューマニズムこそ、我々が前章で見た通り、エミール・ゾラの神髄だ。ゾライズムとは、単に人間社会の現実を客観的に描写するだけではない。その描写によって、我々が共に生きる同じ人間であるということを、ただの理念ではなく経験的事実・現実として暴き出すことなのだ。ドレフュス事件に際して人間ゾラがそのように実際に生きたまさにその通りに。

永井荷風はこれをアメリカで、西洋社会の底辺における実体験として摑んだ。そしてこのアメリカ体験は、続くフランス体験を——特に生（生活）と美（芸術）に関して——豊穣なものとする布石となる。

4　普遍性の展望

「人類、人道、国家……」

かようにしてアメリカで人間の生活の現実を見た荷風は、ポトマック川の橋の上から首都ワシントンを一望して言う。

晴々しい、大きなパノラマである。身は飄然として秋風の中に立ち、あゝ、此れが西半球の大陸を統轄する唯一の首都であるか、と意識して、夕陽影裏、水を隔てゝ彼方遥かに眺めやれば、何とはなく、人類、人道、国家、政権、野心、名望、歴史、と云ふ様なさまぐ\な抽象的の感想が、夏の日の雲の様に重り重つて胸中を往来し始める。と云ふものゝ、自分は何一つ纏つて、人に話す様な考えはなかつた。唯だ漠として、大きなものゝ影を追ふ様な風で、同時に一種の強い

尊厳に首の根を押付けられる様に感ずるばかりである。（「林間」、『荷風全集』第四巻、九九頁。強調引用者）

続いて、近くの林の中で別れ話をする白人の軍人と白人と黒人のハーフと思しき娘の様子を見て言う。

無論、自分は恋と云ふ事よりも、長く此の国に存在する黒白両人種の問題をば、今更らしく考え出すのである。一体黒奴《ニグロ》と云ふものは、何故、白人種から軽侮、又嫌悪されるのであらう。其の容貌が醜いから、黒いからであらうか。単に、五十年前は奴隷であつたと云ふのに過ぬのであらうか。人種なるものは、一個の政治的団体を作らぬ限りは如何しても迫害を免がれないのであらうか。永久に国家や軍隊の存在が必要なのであらうか………（同書、一〇二頁。強調引用者）

自分は一人、橋を渡つて帰り行く道すがらも、何かまだ、種々と、まとまりの付かない、云現し難い、非常に大きな問題を考へて居るらしかつた。（同書、一〇四頁。強調引用者）

ここには、「人類、人道、国家、政権、野心、名望、歴史」といったものに対する、そしてまた「人種」、「国家や軍隊の存在」といったものに対する巨大な疑問が、つまり人類の有り様についての抽象的な問い掛けが、つまり人間社会についての普遍的な懐疑が、自らの経験と結び付いた形で、しかし本人の言の通りあまりにも漠としたまま、にもかかわらず「一種の強い尊厳」の感覚をともなって噴出している。

無論ここでは単に普遍性を遠望しているに過ぎない。この遠望はいずれ「日本」なるものに対する批判として、国家と社会の相違として明確化される。それは日本国と日本社会の、日本国民と日本人の相違としても描かれよう。しかしそれにはまず、続くフランス体験が必要だ。

以上二つの胚種は、だがしかし、いずれもいまだ不明確に過ぎる。荷風本人も言っていた通り「まとまりの付かない、云現し難い、非常に大きな問題」にとどまっている。これが直続するフランス体験でどう展開されるか、先に掲げた「真の文明の内容たる社会的共同生活の意義」に対する問いを念頭に置きつつ、次節で見てみよう。

第三節　フランス体験
——経験的普遍性の獲得：人間的生の現実、美、社会

1　フランス憧憬

「わがフランス」

フランス！　あゝフランス！　自分は中学校で初めて世界歴史を学んだ時から、子供心に何と云ふ理由もなくフランスが好きになつた。自分は未だ嘗て、英語に興味を持つた事がない。一語でも二語でも、自分はフランス語を口にする時には、無上の光栄を感ずる。自分が過る年アメリカに渡つたのも、直接にフランスを訪ふべき便宜のない身の上は斯る機会を捕へやう手段に過ぎなかつた。旅人の空想と現実とは常に錯誤すると云ふけれど、現実に見たフランスは、見ざる以前のフランスよりも更に美しく、更に優しかつた。あゝ！　わがフランスよ！　自分はおん身を見んが為めにのみ、此の世に生れて来た如く感ずる。自分は日本の国家が、芸術を虐待し、恋愛を罪悪視することを見聞きしても、最早や要なき憤怒を感じまい。日本は日本伝来の習慣によつて、寧ろ其が為すまゝたらしめよ。世界は広い。世界にはフランスと云ふ国がある。此の事実は、虐げられたる我が心に、何と云ふ強い慰めと力とを与へるであらう。フランスよ、永世に健在なれ！　もし将来の歴史に亜細亜の国民が世界を統一するが如き権勢を示す事があつたら、フランス人よ！　全力を挙げてルーブルの宮殿を守つて呉れよ。ベヌスの像に布の腰巻されぬやうに剣を磨けよ。自分は神聖なる芸術、ミユーズの女神の為にモリヱールを禁じた国民の発達を悲しむ。恐れる。（「巴里のわかれ」、『荷風全集』第五巻、二六六―二六七頁）

この文章は、一年弱のフランス滞在（一九〇七年七月―〇八年五月）を終え、心ならずも帰朝せねばならない心境を赤裸々に語った、『ふらんす物語』所収の随筆「巴里のわかれ」の中にある、よく知られた一段落である。

この文章には多くの読者が失笑を禁じえまい。この荷風は、おかしい。確かに、ベル・エポックのフランス、とりわけパリは、今日よりもさらに美しかったであろうことは想像に難くない。だが、そうだとしても、どうかしてしまっている。フランスを「理想化」している。「わがフランス」に恋してしまっている。盲目的に、酔い狂っている。

しかし、これを「恋の狂気」と断じて終わることは、理解の外に置くことだ。この文章は、荷風の他の文章を見ることで、理解可能である。そしてその理解は、現代に生きる我々にとって意味がある。以下、この理解を試みよう。つまり、永井荷風のフランス受容、フランス理解を『ふらんす物語』を中心に探ってみよう。

2 フランス上陸

「フランスはフランスの芸術あつて初めてフランスである」

『ふらんす物語』の前作『あめりか物語』初版に附録として付けられた随筆集「フランスより」の中に、「船と車」と題された掌編がある。二七歳の荷風が、四年間暮らしたアメリカを離れ、大西洋を渡ってフランス・ルアーヴルに上陸（一九〇七（明治四〇）年七月二七日）し、パリを経て、目的地リヨンへ至る道程と思いを綴った文章だ。

　このフランス行きは先に見た通り父によって強く反対されていた。父は息子の芸術（つまり社会）をまるで理解せず、息子の熱望にもかかわらず、フランス行きに同意しなかった。

　しかし、息子の与り知らぬところで父は、裏から手を回した。父は、高級官僚のコネクションを発揮して、横浜正金銀行リヨン支店への息子の転勤を手配した。ただし父から特に説明は無い。すべては父の掌の上。ここでも青年荷風は家族とりわけ父との葛藤の中にあった。家族は支えであり、くびきである。

　さて荷風は、生まれて初めてパリに着き、サン＝ラザール駅のプラットフォームに降り立ち、第一印象を語る。

> 成程、雑沓は為て居るものゝ、其の度合は、ニユーヨークの中央停車場なぞとは全《まる》で違ふ。人間が皆な、ゆつくりして居る。米国で見るやうな鋭い眼は一ツも輝いて居ない。後から、旅の赤毛布を押飛して行く様な、無慈悲な男は一人も居ない。（「船と車」、『荷風全集』第五巻、一〇頁）

　また、パリからリヨンに向かう車窓の風景を見て言う。

> カンサスの牧野、ミゾリ、イリノイスの玉蜀黍《もろこし》畠の景色は、何処にか云ひ難い荒寥、無人の気味があつて、同じ平和の野とは云ひながら、旅の心に一種の悲哀を与へる——強い大い、云はゞ男

性的の悲哀を与へる、が、其れに反して、今見るフランスの野は、何も彼も皆女性的で、夜の中に立つ森の沈黙は、淋しからぬ暖い平和を示し、野や水の静寧は、柔い慰撫に満ちて居るらしく思はれた。アメリカの自然は、厳格極りなき父親の愛があると例うれば、フランスの自然は、母親の情と云ふよりも、寧ろ恋する人の心に等しいであらう。(同書、一五頁)

荷風のフランスに対する基本的な印象は、この優しさであり、柔らかさであり、静けさであり、暖かさであり、つまり優美さである。それは、アメリカで彼が感じ取った荒寥感や悲哀、厳格さや無慈悲さの対極にある。

荷風はリヨンに向かう途中のたった二日のパリ滞在中、馬車を一日借り切ってパリの街を、シャンゼリゼから名も知れぬ裏路地までくまなく巡り、この街の生きた姿を目の当たりにする。そして言う。

フランスはフランスの芸術あつて初めてフランスである。(同書、一二頁)

では、荷風にとってフランスをフランスたらしめる芸術とは何か? 次項の議論を先取りして言えば、それは単なる街並みという「形」、「形式」ではない。それは以下に見る通り、むしろ生活そのものであるようだ。日々柔軟に変化する、人間たちの生きる姿のことであるようだ。数十、数百年変化しないパリの石造りの建物の硬さよりも、その中で現に営まれている人間の社会生活そのものの美しさのことであるようだ。だからこそ、この文の直前には次の文が置かれているのだ。

> 有名なコンコルドの広場から［…］名も知れぬ細い露地の様に至るまで、自分は、見る処、到る処に、つく〳〵〔ママ〕此れまで読んだフランス写実派の小説と、パルナッツス派の詩篇とが、如何に忠実に、如何に精細に、此の大都の生活を写して居るか、と云ふ事を感じ入るのであつた。（同頁。強調引用者）

ここには、言うまでもなくゾライズムの影響が見られる。つまり人の生活を直に観察し写実することへの高い評価である。荷風の芸術にとって、人の生活は原点であり、生涯外せない点だ。とはいえ、ここはまだ荷風のフランス受容の第一段階、第一印象に過ぎず、その意味と深みはいまだ明確に現れてはいない。そこで以下、荷風が実地に体験し理解した「フランス」の内実を明らかにしよう。

3　社会的生たる芸術

人間的生の現実たる芸術

フランスがフランスたるための必須要素と荷風が受け取った、つまり荷風にとってのフランスの本質たるフランスの芸術とは具体的に何か。それはルーヴルやオルセー所蔵の作品群のことではむしろない。その逆なのだ。

『ふらんす物語』所収の短編「ひとり旅」の中で、宮坂と名付けた登場人物に荷風は言わせている。

余は何故か、日光、美人、宝石、天鵞絨《ビロード》、花なぞの色彩に打たるゝ事能はず候。巴里の市街も、雨と霧の夕暮を除きては、美しと思ふ処更になし。余は繁華なるブールヴァールよりもセーヌ河の左岸なる露地裏のさまに無限の趣きを見出だし候。若葉あざやかなる公園の木立よりも、セーヌ河の石堤に沿ひて立ちたる、病みし枯木の姿を、灰色なす冬の空の下に眺むる事の、如何に余が心を喜こばし候ふぞ。(「ひとり旅」、『荷風全集』第五巻、一九五頁)

さらに具体的に、

余は、此れに反して、曲りくねりたる巴里の小路の安泊りのさまを忘れ得ず候。[…] 帳場には髪の毛汚き老婆が、さらずば、いつも襟付けたる事なき下着一枚の男控へ居り候 […]。[…] 窓の下には貧しき小路にのみ聞かるゝ女房の声、子供のさわぐ声。[…] 裏町をさまよふ乞食の、とぎれ〱なる紙腔琴(オルグ、ド、バルバリー)の音 […]。(同書、一九五―一九六頁)

これらの記述には、荷風がフランス体験から受け取った芸術観が明確に表現されている。すなわち、荷風が芸術を感じ美を感じるのは、やはり人の現実の生活だ。それも貴族のそれのような、形式張り整えられた儀礼的生活ではなく、庶民の、民衆の、人民の、すなわち人々のみすぼらしく貧しい生活なのだ。それはむしろ汚く醜悪だ。しかしそれは人間たちの日常生活であり、社会的現実の生なのだ。荷風自身、イデスとの生活において体験し尽くしたように……。

だからこそ彼は言う。

凡ては皆生きた詩である。極みに達した幾世紀の文明に、人も自然も悩みつかれた、此の巴里ならでは見られない、生きた悲しい詩ではないか。ボードレールも、自分と同じやうに、モーパッサンも亦自分と同じやうに、此の午過ぎの木陰を見て、尽きぬ思ひに耽つたのかと思へば、自分はよし故国の文壇に名を知られずとも、芸術家としての幸福、光栄は、最早やこれに過ぎたものは有るまい！（「巴里のわかれ」、『荷風全集』第五巻、二六九頁。強調引用者）

荷風にとってのフランスとは、芸術の具現化である。しかし荷風にとっての芸術とは、宝石のような「形」の美しさではなく、人々の生きる様そのものだ。つまり、人が人として生きていること、それ自身が「生きた悲しい詩」なのだ。

ところでこのような芸術理解は、「観察され経験される社会生活において人間の自然、人間の普遍性を見出す」ことを意味している。彼は実際の人々の社会生活に芸術を、美を認めた。それはしかし、個別の生活がそのまますべて美的であり芸術であるということではない。個々人の具体的な日々の生活を見ると同時に、そこにおいてこそ人間の普遍性を捉えたのだ。ゾラ譲りの具体的で実証的な観察によって。日々の社会生活という実践的な営み、行為において芸術という普遍性を見出した。これこそ荷風がフランスから得た根底であり、いずれ彼はこれに試されるであろう。

したがってまた、荷風の受け取ったフランスは「フランス国」ではない。それは「フランス共和国」、すなわち一つの近代国家としてのフランスではありえない。「荷風のフランス」は、「制度」であり「組織」であるところの「国家」ではない。そしてまたもちろん、「荷風のフランス人」は「国民」ではない。彼の芸術の具現化であるフランスに生きる人間たちは、もちろんフランスという土地でその文化・伝統の中で共に生活する社会の一員ではあるが、そのことは彼らが「フランス国民」であることとは異質である。この理解を元に本節冒頭に掲げた「巴里のわかれ」を読み返してみれば、荷風の受容したフランスとは「国家や国民を超えて人間の生という芸術を現実に担うものとしてのフランス」であることが、あらためて理解されよう。この論点、すなわち荷風における国家と社会の問題については、続いて「日本」と共に論じよう。

最初に問うた「フランスへの恋」の意味に立ちかえりこれまでの論をまとめれば、荷風は、フランスを理想化したと言うよりも、昇華し理念化したのだと言えよう。フランスで見た柔軟で哀しい生の現実を美として、芸術として理念化した。そこに「人間の社会的生の現実の普遍性」を観察し認識した。そしてこれを自分のものとして日本に持ち帰ったのだ。[8]

4　国民と人間

日本人というもの

これまで見てきた通り、荷風が美を見出し受容したフランスは、国家ではなく、芸術であり、その内実は人々の生、それも裏路地のわびしい、飾らない生であった。それはゾライズムであり、人が共に生きる現実の、実際に観察された世俗的な生、つまり社会生活であった。

しかし、そのような生ならば、特にフランスまで出かけなくても日本にもあったのではないか。荷風は異郷にあって故国日本を、日本人をどう見ていたのか。荷風にとって国家とは、国民とは、そして社会とはどのように理解されていたのか。『ふらんす物語』の中にはこの問いへの言及もある。以下ではこれを見てみよう。

「放蕩」と題された小編の中で、荷風は小山貞吉という名の外交官を登場させている。彼はワシントンに三年、ロンドンに二年赴任した後、パリの日本大使館に三年前から勤務と、米仏を渡り、またワシントンでは日本公使館で働いた経験を持つ荷風自身と重ねられていることは明らかである。

小山は国家に対して勤勉忠実な外交官ではない。むしろその逆だ。例えば、ワシントン勤務時代を思い返して言う。

外交官補になつて、華盛頓《ワシントン》に来ると、其の翌年に日露戦争が起つた。けれども貞吉は自分で勇立ちたいと思ふほど、どうしても勇み立つ事が出来ない。国家存亡ノ秋《とき》、不肖ノ身、任ヲ帯ビテ海外ニ在リ……なぞと自分から其の境遇に、支那歴史的慷慨悲憤の色調を帯びさせやうとしても、事実は、差当り、国家の安危とは、直接の関係から甚だ遠《とほざ》かつた政府の一雇人に過ぎない。毎日、朱摺の十三行罫紙へ、上役の人の作つた草稿と外務省公報を後生大事に清書する、暗号電報飜訳の手伝ひをするだけだ。上役、先輩の人の口から聞かれる四辺の談話は、日清戦争講和当時の恩賞金や、旅費手当の事ばかり。人が用をして居る最中に、古い官報や職員録を引張り出させて、身寄でも友達でもない人の過去つた十年昔の叙爵や叙勲の事ばかり議論して居る。貞吉は他の人ほど戦時の増税については苦痛を感じないが、唯だ徹夜で電報受附の当直をするのが、いやなばかりに、一日も早くと、平和を希つて居た。戦争の結果なぞ殆ど考慮すべき問題でない。万一負けた処で、今日では各国との国際関係から、昔のやうに戦敗が直ちに国の滅亡と云ふ事になる気遣ひがない。賞金を取られるだけだ。(「放蕩」、『荷風全集』第五巻、五〇頁)

さらに、外交官の実態の暴露と揶揄を続ける。

講和大使の一行が米国に乗込んで来た。談判地へ派遣せられなかつた居残りの公使館員は皆非常に不平だ。不平な原因は、国家を思ふ熱誠からではなくて、差詰め叙勲の沙汰には縁遠くなつた虚栄の失敗から出る泣言としか、貞吉には思はれなかつた。[…] 貞吉は、日本政府の外交官たる以上は、夜の目も眠らぬ程な愛国の熱誠に駆られて見たいと思ふのだが、どうしても思ふやうに行かぬ。(同書、五一頁)

また、当時のパリの「立派な」日本人の実態を暴き出す。

貞吉は実際、自分ながら訳の分らぬ程、日本人を毛嫌ひしてゐる。西洋に来たのを鬼の首でも取つたやうに得意がつて居る漫遊実業家、何の役にも立たぬ政府の視察員、天から虫の好かぬ陸軍の留学生。彼等は、秘密を曝かれる懼れがないと見て、夜半酒場に出入し、醜業婦に戯れて居ながら、浅薄な観察で欧洲社会の腐敗を罵り、其の上句《あげく》には狭い道徳観から古い武士道なぞを今更の如くゆかし気に云ひ囃す。（同書、五七―五八頁）

この通り、荷風は一貫して、当時の日本という国家、国家としての日本を揶揄し嘲笑する。そして、やはりここでも市井の実生活を重んじ描き出す。実際貞吉は、「何と云ふ訳もなく大使館を休」（同書、七五頁）み、カフェで過ごし、女性と会い、パリの街をぶらぶらと、他人の生活の様を詳細に観察しつつ歩き回っているばかりなのだ。

さらに「脚本　異郷の恋」と題された、同じく『ふらんす物語』所収の小編の中で荷風は、建部と藤崎という二人の人物を登場させ、アメリカ人六人、日本人三人の夕食会で近代日本について議論させる。

建部『文明の今日、チヨン髷なぞ結ふものがあるものですか。ロシヤに打勝つた今日の日本は、米国の通り、西洋諸国の通りです。電車もあり、汽車もあり、汽船もあり、議会もあり、病院もあり、学校もあります、何一ツ、西洋と変つた事はない、西洋よりも、或点に於てはもつと進歩して居ます。二十世紀の日本は、世界の進歩、人類の幸福の為めに、泰西の文明と、古代日本の武士道とを調和しやうと云ふ、大なる任務を持つて居ます。吾々はつまり、東西の両大思想を結び付けやうと云ふ任務を持つて居るのです。』

藤崎『いや、大変な任務だ。私はちつとも知らなかつた。建部君。領事館からでも、さう云ふお達旨があつたのですか。』

テーブルの上に置いたウイスキーを飲む。実業家の山田覚えず吹出して笑ふ。

建部『君、冗談を云ふべき時ぢやない。我々は国民の義務として外国人の誤解を正さねばならない。帝国の臣民たる義務……。』（「脚本　異郷の恋」、『荷風全集』第五巻、九六頁）

米人の三『なぜ、［日本は］自国の美しい風習をすてゝ仕舞つたのでせう。』

一同如何にも残念さうに云ふ。建部は、激昂のあまり云出さうとして云得ざる体。藤崎は絶えず嘲笑の語調にて、さも愉快さうに、

藤崎『何故と云つて。吾々日本人の罪ぢやない。わざ〳〵海を越してまで、文明になれッと号令をかけに来た、あなた方の祖先が悪いのです。米国は日本文明の父です。つまり、あなた方が命令して髷を切らしたり、洋服を着せたりしたやうなものです。』（同書、九八頁）

さらに藤崎は、アメリカ人の前で次のように日本を嘲笑し皮肉にこき下ろす演説をする。

藤崎『レデース、ヱンド、ゼントルメン。満場の淑女よ、紳士よ。私は、親愛なる米国の諸君に向つて、二十世紀の最新形——アップ、ツー、デートの日本帝国を紹介する光栄を感謝いたします。私は一言にして、大日本帝国は世界の模範国であると断言する事を憚りません。代価は見てのお戻り。品物に嘘はない。嘘だと思ふ方があつたら、今夜にでも行つて御覧なさいまし。日本帝国の臣民はこぞつて、道路に群集し単に万歳の声を揚げるばかりでは、外来の客賓を歓迎するには充分でないと云ふ処から、必ず、婦女老幼を濠に突落《つきおと》し、下駄の歯で踏殺してまで、熱烈なる誠意を発表するでありませう。日本帝国は歴史が証明する通り、万世一系四海兄弟の国家であります。［…］政府と警察と人民とは、父と子の如き密接なる関係を有して居ります。其れ故、政治上の集会から凡ての興行、運動会、凡そ人の集る処と云へば、警官は必ず出張していかめしい制服を以て、人民に無上の光栄を与へます。［…］大日本帝国臣民が礼義を重んずるの一端は、電車の中で、喫煙を厳禁してある事でも明瞭であります。然し又、大日本帝国臣民はロシヤに勝つた進取活動の勇者であります。虚礼柔弱の国民ではありません。電車に上り下りする時にも、決して婦女をつッころばすの意気を失ひません。大日本帝国臣民は、厳粛なる道義の君子聖人であります。不義、破倫、悪徳を憎む事の如何に強いかは、全国の新聞紙上に遺憾なく現はれて居ります。私は西洋人が日本新聞の三面記事を読み得ない事を、尤も残念に思ふ一人であります。強姦、私通、殺人、紳士の私行、此れ等は政治商業工業よりも何よりも、我国新聞紙の最も主要なる報道の材料であります。〔…〕大日本帝国臣民は尽く大哲学者であります。大観念大覚悟の聖者であります。世界の覇者たらうなぞとの英雄的野心は微塵も持つて居りません。帝国は万世不朽でありますけれど、帝国が其の一部を占めて居る地球全体は、年数に限りのある天文学者の学説を公認して居ります。不朽ならざる此の地球の上に、フランス人の如く美術や学芸を残して、未練らしく、民族発展の光栄を後代に伝へやうなぞとは、大日本帝国臣民の潔しとする処でありません。〔…〕大日本帝国は、世界模範の国家であります。不肖なる私は、かゝる立派な帝国の臣民として、余りに無上の光栄を感じ、畏れ多くて、寧ろ頓首再拝、御免蒙りたい位に存じ奉るものであります。〔…〕』（同書、九九―一〇一頁。強調引用者）

この演説に対し、無論建部は猛烈に反応する。

建部『実にけしからん。あゝ云ふ奴は、国民の義務として其の儘にはして置けん。僕は止むを得ん。誅罰を加へる！』

憤然として、追掛けやうとする。（同書、一〇一―一〇二頁）

建部『実にけしからん。彼奴《あいつ》は非国民です。国賊です。誅罰を加へなければならん。外の事とは違ふ。外国人の前で、国家を嘲弄するなんて、私は、どうしても我慢が出来ません。もツての外だ。神州男子の鉄拳を喰はしてやる！』（同書、一〇二頁）

建部『外の事とは違ふ。国家の名誉を毀損した罪人だ。一刻も猶予はならん。』（同頁）

そして言う。

建部『［…］国家全体に関しては、私は如何に些細な事でも、誤解のないやう注意するのが、国家の保護によつて、此の海外万里の異郷に、個人の権能を全くして居る在留国民個々の大義務であらうと信ずる。［…］』（同書、一〇三―一〇四頁）

つまり、アメリカと日本の関係を「国家と国家との関係」としてのみ捉え、またそこに生きる人間をすべて「国民」として捉える建部のような態度を、荷風は藤崎に託してこのように笑い飛ばす。その滑稽さを徹底的に暴き出す。人間の飾らない生活は人間の存するところどこにでもあるのだから、荷風にしてみれば当然だ。

そして、「日本人」について言う。

鈴木『［…］父は「日本人」と称する人間です。外国を旅行した事があつても、それは高々政治や商業や工業や外部の文明機関を視察したばかりで文明の深い内面生活に接した事はない。彼《あ》の人達には恋愛の機微は到底了解されますまい。人生の意義は想像されますまい。[…]』(同書、一〇六―一〇七頁)

ここで荷風は、「日本人」を、「文明の深い内面生活に接した事のない、故に人生の意義を想像さえできない」存在として描いている。つまりは――前節冒頭に引いた文章でも言われていたように――外面ばかり文明化した人間のように粧い、その実その文明の意味するところ、人間社会に生きることの意義を微塵も理解できない存在として描いている。荷風にとって日本人とは、フランス滞在中彼が現実として目の当たりにした「社会的人生」からは掛け離れた、ゾライズムのそれとは別の意味で「醜い」生を生きる者たちなのだ。つまり、日本人とは日本国民に過ぎないのだ。

ここで、本節冒頭の引用につながる。つまり、「自分は日本の国家が、芸術を虐待し、恋愛を罪悪視することを見聞きしても、最早や要なき憤怒を感じまい。日本は日本伝来の習慣によつて、寧ろ其が為すまゝたらしめよ。世界は広い。世界にはフランスと云ふ国がある。此の事実は、虐げられたる我が心に、何と云ふ強い慰めと力とを与へるであらう」。

「国」、正確には「国家」とは別に、世界には芸術、人間の生を尊重する地がある。その事実によって、世界は受け入れられる場所となる。ここで決して「外国フランスに負けてはおれぬ」と考えないところがその証左である。人間として、人類として、世界のどこかに美が現実化されていれば、少なくとも絶望することはない。その場所が自分のたまたま生まれた土地であるかどうかは――運不運ではあっても――差し当たり問題ではない。逆に、たまたま生まれた土地でなくとも、その理想の現実化した土地を、自ら感じ信じる理想の名の下に自分のもの「わがフランス」とすることができる。この人間の生の普遍性の実感、いわば人間主義的経験的普遍性こそ、荷風がフランス体験から得た根底だ。

だからこそ、すぐに見る通り荷風は「なぜ自分はフランス人に生まれなかったのか！」と嘆くのだ。これは恋に狂った人間のばかげた妄想ではない。人間荷風が日本という土地に生まれた必然性も、フランスという土地に生まれなかった必然性も、実はないのだから。

5　帰朝――制度、共同体、社会

人間の生の普遍性

「絶望――Désespoire《デゼスポワール》［綴りママ］――」（「巴里のわかれ」、『荷風全集』第五巻、二六三頁）と本文が始まる随筆「巴里のわかれ」では、フランスで得たこうした新しい経験的認識と、まもなく戻りその中で生を送らねばならない日本の現実との間の葛藤、荷風の嘆きが赤裸々に描かれる。

帰国せよとの父の命に逆らうでもなく、ついに訪れたフランス滞在最後の日に曰く、

自分は何故一生涯巴里に居られないのであらう、何故フランス人に生れなかつたのであらう。

（同書、二六四頁）

また、

再び床の上に倒れ……然し自分はどうしても日本に帰りたくない、巴里に止りたいと、同じ事を考へるのであつた。（同書、二六五頁）

さらにはその後、遂に帰国の船上にあってさえ言う。

あゝ、自分はどして《［ママ］》巴里を去ることが出来たのであらう！（「黄昏の地中海」、『荷風全集』第五巻、二八六頁）

この帰朝の旅を綴った随筆「砂漠」の中に、エジプトの砂漠に映った自分の影を眺めながらの、印象的な独白がある。

自分は、如何に激しい、強い愛情をば自分の影に対して感じたであらう。自分は、自分自身の手で力で、何故自分を作り出さなかつたか？　自分を作つた親、自分を産み付けた郷土なるものが、押へ難い程、憎く厭しく感じられて来た。自分は、他物の力で作られた自分は、どうしても、生命のある限り、今自分の影を見るやうに、自分を感ずる事は出来ない。自由とは、誰れが作り出した偽りの夢であらう。親は、自分には何等の相談もせずに、勝手に自分を作つた。日本は、自分が其の国体、習慣、何にも知らぬ先に、自分の承認を待たずして、自分をば日本人にして仕舞つた。自分は何の酔興で、親に対し、国土に対して、無理無体な其の義務を負ふべき寛大を持つ必要があらう。自分の影は、自分の影であるが故に、自分は此れを愛する。自分の親、自分の国土、あゝ何と云ふ残忍な敵であらう。自分は日本に帰りたくない。ヨーロッパにも戻りたくない。（「砂漠」、『荷風全集』第五巻、二九三―二九四頁。強調引用者）

ここに鮮やかに吐露されている通り、「わがフランス」を受容・摂取した荷風にとって、フランスは外国ではなく、日本は出身国でないどころか「故郷《ふるさと》」でもないのだ。正確に表現すれば、フランスであろうが日本であろうが他の国であろうが、およそ国家というものは「社会」でも「共同体」でもないのだ。ドレフュス事件でもそうであったように、知識人が住む世界はまずもって知の世界、芸術の世界そのものであり、「区分けされた土地」ではない。

地球上の土地土地の文化や文明の内実に違いはもちろんある。深浅や優劣もあろう。しかし、そうだとしてもそれはすべて「同じ人間の生」であり、その限りにおいてそれらを「フランス」、「日本」などと区別する本来的な理由はない。

これはゾラや荷風のような知識人に限られた話ではない。「普遍的な人間性」、「人間の普遍性」に基づく事態なのだから。それはドレフュスが身をもって明らかにした通りだ。そこで問題となるのはただ、文明の度合いであり、人間社会の深度であり、芸術性の程度であり、多様な生の質である。生そのものの区分けなどない。

だからこそ荷風は言ったのだ。「フランスはフランスの芸術あつて初めてフランス」なのだと。フランスで具現化された理想の芸術が、もしフランスと呼ばれる土地になかったら、その土地はもはや「フランス」という特定され特権化された存在ではないのだ。「フランス」は、もはや地名ではない。ましてや国名でもない。それは一つの理念であると同時に、その経験可能な現れ、具現化、現実化である。

であるから逆に、フランスは、たまたまそれが本来の形で実在する場所として憧憬されているに過ぎないとも言える。それは本来的にはフランスでなくてもよいのだ。荷風はしばしば「西洋かぶれ」、「フランスかぶれ」と言われるが、そうではない。日本が本来的にダメだと言っているわけではない。そうではなく、フランスに具現化されている「社会的共同生活」が日本には存在していないと見て取り、それを嘆いているのだ。これはむしろ正確な批判であると言えるだろう。

ますます国家主義、ファシズムへと向かう時代の流れの中にあって、荷風がこの後一貫してそうした潮流から距離を取りえた背景にはこの認識があるのだ。近代国家という空虚な夢にとらわれない、現実的で近代科学的な認識が。

国家は社会ではない

そもそも、国家は社会ではない。ドレフュス事件において鋭く問われデュルケームによってはっきりと指摘された通り、両者は異質なものだ。そしてその異質性は、これらの集合性を基礎付ける、人々の間の紐帯の異質性に依っている。

国家は制度であり組織だ。組織の集合性は、「情」ではなく「知」に基づいている。それは一つのシステムであり、国家の法体系や会社の規則の体系を思い浮かべればわかりやすいだろう。それは一つのシステムであり、ある組織が成立するのはその組織のあり方が非人格的（非人称的）な合理性に基づくが故である。つまり、その成員が誰であってもかまわないということだ。そうでない場合、例えば一人の指導者に対する人格的帰依に基づいて人々が集まっているのであればそれは組織ではない。組織とはあくまで非人格的なものである。つまり、その成員が「誰か」ということはその組織の動作に際して問題とならない。この意味において組織は非人称的であり、「客体的な」ものである。またこの意味において組織の成員は、取り替え可能な「部品」である。

したがってまた、加入要件さえ満たせば誰でも加入できることが組織の原則だ。生まれながらにして決してその成員となれない存在は組織にはない。逆に言えばそのような存在を認める組織は既に純粋な組織ではない。共同体など他の要素が混入している。

近代国家とはこの意味において組織であり、システムである。そもそも、組織とは、システムとは何か？　それは「やり方」、「仕方」のことだ。したがって当然、「何かの」仕方のことだ。仕方それ自体が目的であることはできない。

より良い仕方はあるだろう。しかし、常に問われるのは「何に対して」、「何にとって」より良い仕方であるかであって、単に「国家のために」と言うことは「仕方のために」と言っているのと同じであるが故に、意味を成さないのだ。

要するに、デュルケームが言っていた通り、国家は手段であり道具なのだ。我々が生きる目的や現実や内容ではない。

もし「お国のために」という言葉で「国家」を指すのであれば、それは勘違いである。そうではなく「国家」が共同体だと言うのなら、それはすり替えだ。なんとなれば、共同体とは対面的（人格的・人称的）関係であり、一定以上広がりようがないからだ。成員一億人を超える一つの共同体など、物理的にありえない。国家は仕方であり、組織であり、システムであり、その部品は取り替え可能な匿名的なものでしかありえないのだから。

これに対して、社会の集合性は異なる基盤を持っている。その基盤は「意」である。他人が自分と同じ意味において人間であることを保証する各人共通の性質など、世俗化された、科学的な、近代的な認識に従う限り存在しない。にもかかわらず、他人も人間でありそのような他人と共に集合している、すなわち人類が全体として「人間社会」を成しているとすれば、それは各人が他人を人間として認識するという「意志的行為」に依る他ない。これは一種の賭けであり、またの名を「信頼」ないし「愛」という。先に人間的超越性と呼んだものだ。我々は他人もまた人間であることに――確固たる根拠無く――「賭ける」のだ。それは決断であり、努力を要する敢為《かんい》なのだ。

この意味での社会は、そもそも境界線を持たない。領域を持たない。「他の共同体」や「他の組織」はありえても、「他の（人間）社会」は原理的にありえない。そして、社会への参入は、他人を人間として認めるという意志的行為にのみ依っている。

このような「社会」は世俗化過程の中で、神的超越性からの剥離として歴史的に誕生した。この過程を生きた各人から見ればそれは、（社会へ向かっての）共同体からの離脱過程、つまり共同体から距離を取りこれと疎遠となる過程[10]であった。既に見た荷風の人生はそれを体現している。

人類の誕生よりも人間社会の誕生はずっと遅い。宗教は、それが信仰であり神的超越性として人類の普遍性を支えた限りにおいて、人間社会の誕生を準備しこれを導いた。他方で宗教は、それがこの俗なる現世では共同体であった限りにおいて、また組織であった限りにおいて、「社会的人間」誕生の桎梏《しっこく》となった。あまりにも多くの要素を包含する宗教という現象は、この意味において両義的であり、荷風においても、また振り返ればゾラにおいても、そのように扱われていた（生きられていた）ことは既に見た通りである。

社会と組織に関するこの議論から、「国民」は「人間」ではないという理解が導出される。国民とは国家という組織の構成部分であり、現実に生きる人間のことではない。それは組織における資格に過ぎない。社会を成す現実の生きる人間ではない。

そのような人間が、自らを国民たる人間であると錯誤し、「仕方」に過ぎない国家を自らのアイデンティティとしてしまうことの滑稽さ。これを荷風は笑い飛ばすのだ。確かに社会は人間が現に生きる場だ。しかし国家は違う。それは一つの制度、一つの組織、一つのシステムに過ぎない。一つの道具、一つの仕方に過ぎない。社会とは違うのだ。他でもありうる後天的な構築物だ。「仕方」に奉じるナンセンス……。

だからこそ荷風は、日本国家と同化しかねんばかりにこれを背負う建部なる人物を創造した。そして、パーティーで他の皆が楽しく踊る中、彼をワルツに誘う女性に直面させ、狼狽させ、告白させたのだ。

> 建部『私は踊れないのです。知らないのです。』（「脚本　異郷の恋」、『荷風全集』第五巻、一〇五頁）

国家は、それが組織であり制度である以上、本質的にぎこちない。それは生を知らない。自発的に変化する他者を知らない。人間の生たる社会が本来持つしなやかさ、優美さ——これらはフランス上陸時の荷風がフランスに実感したものだった——を持ち合わせていない。

人間の社会的生に対するこうした認識故に荷風は、外国人に対してはもちろんのこと、私娼や売春婦らをだからといって軽んじたり無視したりせず、共に生きる同じ人間として、「社会人」として、対等に濃厚に付き合い続けたのだろう。

荷風における日本と日本人という論点に戻れば、つまり、日本には国家と国民はあったとしても、そこに人間の生活の現実たる社会がない、正確に言えば、そこに生きている人間は日本というまとまりに人間として属しているわけではないということだ。そもそも人間の現実の生の状態としての日本なるものは、つまり日本社会なるものは存在してなどいないということだ。少なくともフランス社会と同じ意味においてはそのようなものはないということだ。

これこそ、日本における社会の不在こそ、前節冒頭に掲げた問いの意味、すなわち、「真の文明の内容たる社会的共同生活の意義」を知らない「日本人」の意味なのだ。

エミール・ゾラの言葉が思い起こされる。

> 文明の努力とは、まさに、同類が完全に同類ではないからといって格闘を始める、こうした野蛮な欲求を消し去ることに傾けられるものであるはずだ。(Zola 1896, p. 779／一二三四頁。強調引用者)

だからこそ荷風は、異文化の度重なる流入に思いをはせつつ、「日本」なるものの固有の存在性に対する根源的な懐疑を抱いたのだ。

> 何人も今だに「日本」と云ふ Originalité［独自性、固有性］を求めやうとするものは無い。求めても日本には Originalité がなかつたやうな気がしてならぬ事すらある。(「帰朝者の日記」、『荷風全集』第六巻、二〇五頁)

共同体は社会ではない

以上に関連して、その十全な理解のためにここで触れておかねばならない今一つのポイントがある。すなわち、共同体は社会ではないこと、すなわち家族や故郷は社会ではないこと、だ。そしてそこから導き出される系として、もちろん国家は共同体ではないことだ。

「共同体」とは「情」に基づいて成り立つ集団である。家族・親族共同体や地域共同体（故郷《ふるさと》）を思い浮かべればわかりやすいだろう。その集合性は、計算された利害得失や意志に基づくものではない。それは麗しい調和をもたらすものであれ激しい抗争をもたらすものであれいずれにせよ、「情」に基づいている。また、成員各自にとって共同体は、自らの生に「与えられた」、「所与の」、つまり選んだわけではない、加入申請をしたわけではない集団として現れる。そして、成員各自は互いに相手が何者かを知っている。程度は様々にせよ知り合いの関係、つまり対面的な、人格的・人称的関係にある。その成員同士は常に特定の「誰々さん（または誰々さんの知り合いの誰々さん）」であり、取り替え不能である。この意味において、その成員は「人間」ではない。あくまで「誰々さん」である。したがって逆に、本人の意志によってある共同体に加入することはできない。引っ越し先の地域共同体のまったき成員となりうるのは、その地で生まれるこども以降の世代である。また仮に共同体への参加に意志が混入していたとしても、一定の儀礼的手順を踏み、その出会いが運命＝与えられたものとならなければならない。例えば結婚の場合のように。

既に見た通り、荷風にとって家族は知的・経済的に不可欠の基盤であると同時に、人間荷風の意志の前に立ちはだかる障害、桎梏でもあった。彼はこの桎梏を「家族」と「日本」に見出し、父と葛藤し、日本と呼ばれる生地における人間性の不在を嘆いたのだ。

そしてこの嘆き、この認識こそ、前節冒頭の問いに再びつながるものだ。すなわち、あの、日本人が知らない社会的共同生活の意義である。つまり、社会と共同体は本質的に異なるが故に、単なる「共同生活の意義」ではなく「社会的共同生活の意義」なのだ。そして、日本と呼ばれる土地に、国家および家族と故郷《ふるさと》は存在するとしても、日本国民および家族と隣人は存在するとしても、社会と人間は存在しないのだ。日本には固有の意味での「社会的共同生活」はないのだ。社会は共同体ではなく、組織でもないのだから。人間社会は家族でも故郷《ふるさと》でも国家でもないのだから。国家もまた（付け加えれば会社や学校もまた）家族でも故郷《ふるさと》でも社会でもなく、家族や故郷《ふるさと》もまた国家でも社会でもないのだから。これらはそれぞれ序論で触れた、知・情・意という相異なる三つの紐帯原理を基盤とする、相互に区別されるべき異質な集合様式なのだ。本書にとって重要なこの区別については、幸徳秋水と共に次章で「愛国心」を論じる時、再度触れることになろう。

さて、いずれにせよ、かくして荷風は、彼の「フランス」と共に帰朝する。「フランスの恋と芸術とを後にして、単調な生活の果てには死のみが待つて居る東洋の端れ」（「黄昏の地中海」、『荷風全集』第五巻、二八四頁）に帰って行く。

そして日本の歴史的現実の中で、本章で見た国家、国民、日本人、社会、生が展開される。その頂点こそ、かの大逆事件である。

この事件は、ドレフュス事件と相似していながら、しかし日本の歴史的土壌の上でフランスとは異なる形で展開する。知識人たちの対応も異なる。事件の結末も異なる。

荷風もまた、敬愛するエミール・ゾラとは正反対の対応を余儀なくされる。この検討のためには、幸徳秋水らの思想の分析も必要だ。次章で論じよう。

6　忍び寄る国家主義

『ふらんす物語』発禁処分

帰朝後荷風はこうしたフランスでの経験と認識を、『ふらんす物語』として一冊の書物にまとめ世に問おうとした。これまで我々がさんざん参照し引用してきた書だ。ところがこの『ふらんす物語』は、刊行直後、日本国家によって発禁処分となってしまうのだ。この時の顛末を荷風は随筆『『フランス物語《［ママ。以下同じ］》』の発売禁止』（一九〇九（明治四二）年四月一一日初出）の中に記録している。

「フランス物語」五百五十余頁の一冊は、発行書肆が其の筋へ出版納本の手続きをすると直に発売を禁止されましたので売捌書店へは一部を配付するの暇だになく全部尽《ことごと》く埋没される事になつたのです。（「『フランス物語』の発売禁止」、『荷風全集』第六巻、三三一頁）

そしてその時の心情をこう語る。

［発禁処分を伝える出版社からの電話に対して］私は「さうか」と答へたゝ《［ママ］》けで、別に驚きもしませんでした。後から考へて見ると、当局者の処置には已に幾度となく憤慨しぬいて居るので、今更私自身の著作が禁止されたとて、別に新しく驚いたり怒つたりする程事件が珍らしくなかつた

為めでせう。事実、私は先年モリエールとゾラの飜訳が禁止された時ほど憤慨してゐません。(同書、三三二頁)

検閲の事情はもちろん一切公表されない。よって処分の理由は推測するしかない。荷風自身はこの点次のように考えている。

私は机の上にランプをつけて、其の光の中で、どうしてあの書物が禁止されたのか、其の理由を考へて見ました。巻中に収めた著作の大半は已に雑誌へ出したものであるから、禁止の原因はどうしても、まだ一度も発表せぬ巻頭の小説「放蕩」と脚本「異郷の恋」の二ツにあるらしい。(同頁)

両作品を先に垣間見た我々には、この推測も首肯できよう。

そしてさらにこの処分に対する闘いについて、フランス社会と日本社会の違いを認めて、またゾラとその闘いを彷彿とさせつつ、荷風は続ける。

然し私だけが然う思つた処で仕方がありません。相手は政府と云ふ強いもの、此方は弱い詩人に過ぎない。私はフランスの芸術が今日の如く自由に独立するまでには、何れだけ必死になつて幾多の詩人が其の権利を争つたか［…］裁判事件等を回想しました。日本の詩人はまだ今日まで一度も彼等の如く争つた事がないから、無論日本の社会に芸術の自由の認められないのは致方のない次第です。されば私は此の場合必死になつて争ふのが至当であると思ふのですが、勝利を得るか否かの問題に思ひ至ると、私は最一度フランスの社会一般の気風を考へて意気地なく逡巡してしまひます。当局者と権利を争ふ場合勝利を得たいと思ふ場合には、是非とも社会の気運一般の同情と云ふ事が必要になります。フランス人一般の自由を愛し芸術を尊ぶ此の広い同情が幾多の実例に徴して、一詩人の運動に対し何れだけ強い力を与へて居ましたらう。

翻つて日本の現社会を見れば、日本は其程に自由も芸術も要求しては居ないやうです。要求して居るものは西洋の書物でも読んだ少数の社会的継子に過ぎません。かゝる《［ママ］》社会に芸術を独立せしめやうなぞ思ふのは、砂漠に果樹園を作らうとするに等しくは有りますまいか。（同書、三三二―三三三頁。強調引用者）

発禁処分を気にしていないと言いつつ、最後に皮肉な一撃を見舞う。

私は繰返して云ひます。私は今度の、「フランス物語」発売禁止については、別に何とも思つて居ません。［…］此れからの吾々は祖国の文学によらず、外国の文字によつて、自由に思想を発表するやうな必要があらうと思つたゞけ《［ママ］》です。（同書、三三三頁）

いずれにせよ、『ふらんす物語』の発禁処分は、文士荷風が国家の権力（による自由の侵害）に直に晒された最初の経験となり、大逆事件に対する反応へとつながることになる。「帰朝者の日記」の中で荷風は、「西洋人は善悪にかゝはらず、自分の信ずる処を飽くまで押通さうとする熱情がある。僕はこの熱情をうれしく思ふ」（「帰朝者の日記」、『荷風全集』第六巻、一七〇頁）と述べ、そのような熱情を持たない「いつも現実の利害ばかりに汲々として」、「唯だ狡猾」（同頁）なだけの日本人と対比し称揚している。が、大逆事件にあっては、荷風はこの同じ熱情を持つ日本人を目の当たりにし、衝撃を受け、見殺しにすることになる。つまり、荷風のフランス受容の影響はまだまだ続く。そしてそれを見ることで我々が得られることもまだまだある。

しかしその過程は、同じ章の中で論じるには長過ぎる。大逆事件、そして太平洋戦争へと続く荷風の生涯の体験とその意味の検討は別立てとしよう。本章ではただ、知的にも経済的にも恵まれた家庭とキリスト教の素養というバックグラウンドを持つ一青年永井荷風が、フランス体験によって人間の普遍的な生への現実的で世俗的な、つまり科学的な観察視線を持つに至ったこと、これにより国家と社会の区別を不十分ながら捉えるに至ったこと、また家族や故郷《ふるさと》といった共同体は荷風の桎梏でもあり、それは誕生しつつある人間社会と共同体の質的相違に由来していること、そして「真の文明の内容たる社会的共同生活の意義」とは国家とも共同体（家族）とも区別される普遍的で経験的な人間社会の意義のことであること、故にこの意味で日本社会は実は存在しないのではないかとの深い疑念を抱いたこと、以上を確認して、一旦荷風を離れよう。

第3章 大逆事件

第一節　「事件」の事実経過——幸徳秋水を中心に

国家主義が次第次第に台頭する日本。その最中の一九一〇（明治四三）年五月二五日、長野県明科《あかしな》のとある製材所の奥で、注意深く隠された木箱が発見された。さらに、この木箱の中身が、あろうことか明治天皇暗殺のために準備された爆裂弾の材料であることが明らかとなった。これこそ後にいう大逆事件、つまり幸徳秋水一味が天皇暗殺を目論んだとして大逆罪に問われ処刑された一大事件発覚の瞬間だ。

この事件は、国家による権力犯罪（フレームアップ（＝でっちあげ）による殺人）の典型としてよく知られており、またこの観点から、すなわち日本の社会主義・無政府主義に対する明治政府による弾圧の観点から、詳細に検討され解明されている。本章では、それら先行研究を受けつつ、社会認識の観点から、とりわけ幸徳秋水が罪無くして殺された根源の国家と社会に対する認識に焦点を合わせて、この事件の意味を捉えてみたい。

幸徳秋水といえば、これまでもっぱら日本における社会主義革命運動、そして無政府主義革命運動の系譜の中で語られてきた。今日専門家や知識人ならぬ人々が彼に対して持っている一般的なイメージは「主義のためには自らの生命も他人の生命の破壊も厭わないテロリストまがいの過激な革命家」というところだろう。そして彼の思想もその実践との連関において分析されてきた。激動の時代を生き抜いた、学者ならぬ「革命家」幸徳秋水の取り扱いとしてはもちろんそれで問題などあろうはずはなく、既に有意義な研究が蓄積されている。

しかし本書では、彼の思想を、実践よりもむしろ認識の問題として扱いたいのだ。前章までに見た通り、激動のフランス史の中で生み出された、そしてフランスを経験した永井荷風が受け継いだ――さらに言えば幸徳秋水自身、師である中江兆民を通じて、さらにほとんど知られていないがエミール・ゾラをも通じて受け継いでいた――社会の認識、社会という概念の面から、日本の歴史と共に幸徳の思想を照射したい。それも彼が対峙した日本国家との関係において。そうすることで、日本における社会認識の様態を明らかにし、返す刀で現代日本社会という認識そのものを社会思想的に照射し批判できるようになるはずだ。本章はこのための作業に充てられる。

さて、何はともあれまずは、日本の政治史と社会史に甚大な影響を与えたこの事件の事実関係を正確に整理し正しく理解しておかねばならない。とはいえこの事件は、アルフレッド唯一人が被告だったドレフュス事件とは異なり、二六人もが起訴された非常に複雑な事件だ。その全体像を、それを主題としているわけではない本書で描き切ることなど到底できない。また被告人全員が冤罪であるとも言い切れない。そこで本書では、大逆事件の全体像は参考文献に掲げた先人の労作に譲り――実際、事件の諸事実を細部まで暴き出しこれを検討して全体像を精密に再構築したすばらしい著作がいくつも存在する――、ドレフュス事件との明確な比較のために、大逆事件の首謀者とみなされ、そのような事実はないにもかかわらず処刑された幸徳秋水に的を絞ろうと思う。その上で幸徳の生い立ちから歩みを見た後、彼に即して大逆事件の概要を確認しよう。[1]

1　生い立ち

幸徳秋水、本名幸徳伝次郎は一八七一（明治四）年一一月五日、自由民権運動が盛んであった土佐、高知県は中村町（現・四万十市）において、薬種商と酒造業を営む裕福な家の三男としてこの世に生を享けた。

幼い頃から病弱ではあるが賢かった伝次郎は、旧制中村中学校に進学したものの、不運にも校舎が台風により全壊し退学を余儀なくされる。しかしここであきらめることなく彼は、これをきっかけに生地を離れ大志を抱いて上京（一八八七（明治二〇）年九月）し、同郷の政治家林有造の書生となる。ところが不運は重なるもの。わずか三ヵ月後の一二月二五日には「保安条例」が公布され、翌日東京から追放されてしまう。

2　保安条例と社会主義への接近

「保安条例」。それは、明治政府によって公布された治安法規の一つである。内相（のち元老）山県有朋らが、自由民権運動弾圧のために突如公布し即日施行した、全文七ヵ条からなる条例だ。その条文には、秘密結社や集会の禁止、出版の制限や検閲、治安を害する恐れがあるとみなされた者の皇居あるいは行在所の外三里（一一・八㎞）の地への追放等々が規定されていた。

この条例に基づき、民権派の論客五七〇人に対し即日退去命令が出された。その結果、公布後数日のうちにそのほぼ全員が東京から実際に追放される事態となった。その中には、尾崎行雄や中江兆民ら大物が多数含まれている。この保安条例は一八九八（明治三一）年六月二五日に廃止となるものの、その内容の多くは悪名高い治安維持法に引き継がれた。

さて、先述の通り条例施行にともなって、幸徳も一旦は帰郷を余儀なくされる。しかし不屈の彼はすぐに再出発。大阪に辿り着き、同じく東京を追放された同郷人、「東洋のルソー」こと中江兆民に師事することとなる。ここで幸徳は、兆民の主権在民思想や抵抗権・革命権の思想を受け継いだ。なお、秋水の号は、こののち幸徳が生涯師と仰ぐことになる兆民から与えられたものである。

この後幸徳は再び上京し、いくつかの新聞社勤務を経て一八九八年新聞社万朝報に入社する。この頃から社会主義思想に関心を寄せ始めたらしく、一九〇一（明治三四）年四月には処女作『廿世紀之怪物帝国主義』を上梓して、愛国心と軍国主義を痛烈に批判するに至る。続いて翌五月には同志と共に社会民主党を結成（これが日本初の社会主義政党である）。さらに一二月には田中正造の依頼により足尾鉱毒事件の直訴文を執筆するなど、「社会的に」大活躍し各方面から注目されるようになった。

一九〇三（明治三六）年七月には、自らの社会主義思想をまとめ、『社会主義神髄』として発表。同年一〇月、非戦論から日露開戦論に転じた万朝報を盟友堺利彦と共に退社し、平民社を興して週刊『平民新聞』を創刊。同紙上で戦争反対の立場を明らかにすると共に、一九〇四（明治三七）年一一月には『共産党宣言』を堺と共に翻訳し掲載するなど、社会主義者としての、したがって時の政府の意向に反する活動はますます活発なものとなる。

3　投獄と無政府主義（アナーキズム）の摂取

こうした精力的な社会主義活動のある種当然の結果として、一九〇五（明治三八）年二月、幸徳は巣鴨監獄に投獄される。罪状は新聞紙条例違反。この条例は、一八七五（明治八）年に制定された明治政府による新聞取締法令であり、反政府的論説の執筆者の逮捕・投獄や、そのような記事を掲載した新聞の発行禁止が規定されている。

今回の場合、週刊『平民新聞』第五二号（一九〇四（明治三七）年一一月六日）掲載記事「小学教師に告ぐ」、「所謂愛国者の狼狽」、「戦争に対する教育者の態度」が同条例違反に問われた。そして同新聞印刷人の幸徳秋水に対して、軽禁錮五ヵ月と同新聞の発行禁止等の判決が下されたのだ。

しかし百折不撓《ひゃくせつふとう》、幸徳は獄中でさえ学び考える。収監中彼はロシアの無政府主義者クロポトキンの著作に出会い、その思想を摂取する。この出会いは幸徳の思想上重要な転機となった。すなわち、これ以降彼の社会主義は、無政府主義（アナーキズム）[2]へと深化するのだ。

4　渡米と直接行動論

出獄後幸徳は、保養のためにと渡米する。しかしここでもまた彼は休養などせず精力的に動く。彼は、在米日本人社会主義者の組織化という大仕事を企てたのだ。

アメリカ滞在中幸徳は、クロポトキンの信奉者にして亡命中のロシア社会革命党員フリッチ夫人に出会う。そして彼女から普通選挙無用論やゼネスト論を学んだ。また彼女の仲介によって、クロポトキン本人と手紙のやりとりができるようにもなった。さらに、フリッチ夫人は幸徳に対して治者の暗殺について語ったらしい。事実、幸徳が渡米中に記した日記には次のような記述がある。「フリッチ夫人大に普通選挙の無用を論す」（「渡米日記」一九〇五（明治三八）年一二月一七日、『幸徳秋水全集』第九巻、一八〇頁）。「フリッチ夫人来つて大に治者暗殺のことを論ず」（「渡米日記」一九〇五（明治三八）年一二月二三日、『幸徳秋水全集』第九巻、一八一頁）。この出会い以降幸徳は一層急速に無政府主義へと傾き、一九〇六（明治三九）年六月一日にはオークランドで社会革命党を組織するに至る。

こうして在米日本人社会主義者の組織化を達成した幸徳は、同年六月二三日横浜港に帰着する。そしてこの帰国直後から、いわゆる「直接行動論」すなわちゼネストのような直接的な行動による国政の変革を強く主張し始める。

翌一九〇七（明治四〇）年一月には日刊『平民新聞』を発刊し、二月五日号上にこの新たな立場を「余が思想の変化」と題して発表する。その結果、「議会政策派」すなわち選挙を通じて議会に代表を送り国政を変革することを良しとする論者たちと極めて鋭く対立するようになる。二月一七日には日本社会党第二回大会が開かれ、ここで幸徳秋水の直接行動論と田添鉄二の議会政策論との間に非常に激しい論争が生じたことはよく知られている。実際この大会をもって日本の社会主義運動は、この二派に分裂したのだ。

同年四月一四日『平民新聞』が発行停止命令により第七五号で終刊となると、六月一日に森近運平(日本社会党結党時の評議員兼幹事。彼もまた大逆事件の冤罪被害者となる)が『大阪平民新聞』(のち『日本平民新聞』と改題)を、直接行動派の全国機関紙として発行する。これに対抗して翌二日には、議会政策派の片山潜らが週刊『社会新聞』を同様の機関紙として発刊。日本の社会主義運動の分裂が明らかなものとなる。以後対立は急速に激化し、八月三一日には片山・田添ら議会政策派が「社会主義同志会」を、九月六日には堺利彦・幸徳ら直接行動派が「金曜会」を結成するに至った。

5 大逆事件の下地 (1)——天長節不敬事件

そんな状況の中、アメリカで事件が起こる。同年一一月三日、サンフランシスコの日本領事館およびオークランド、バークレーの日本人街全域に数百枚、『暗殺主義(ザ・テロリズム)』第一巻第一号として「日本皇帝睦仁君ニ与フ」と題された暗殺予告とも取りうる公開状が、無政府党暗殺主義者の名で突如張り出された。世に言う天長節不敬事件だ。

この出来事に心底恐れをなした領事館はもちろん犯人(不敬罪容疑)の検挙に躍起になった。しかし、言論の自由を保障するアメリカ国内では、この行為はそもそも犯罪を構成しないのだ。結果、「犯人」検挙は果たされずに終わった。この事件は、日本国外においてではあれ無政府主義者による天皇暗殺の意図が初めて表立って予告されたものであり、明治政府はじめ当時の日本の治者に与えた恐怖の巨大さは想像に難くない。

この公開状は、秘密裡に日本国内に送付され、日本の反政府勢力を力付けた。幸徳も翌年元日の『日本平民新聞』紙上でこの事件を簡潔にではあるが記事にしている。

他方では、別の方向から大逆事件へとつながる動きもこの頃同時に起こっている。同じく一九〇七年の一二月一三日、のちに爆裂弾を実際に試作するなどして大逆事件の主要人物となる職工、宮下太吉が大阪平民社を訪ね、森近運平と会話を交わして、天皇制自体が一種の幻想であり虚構であることを学んだのだ。ここにもまた水面下の反政府の動きが、大逆事件へと連なる伏線が潜在している。

6　大逆事件の下地⑵――金曜会屋上演説事件

翌一九〇八（明治四一）年一月一七日、金曜会屋上演説事件と後に呼ばれる騒動が起こる。この日直接行動派が、東京・本郷弓町の「平民書房」で演説会を開催した。六〇人ほどが集まり開会したのだがすぐに、監視のため臨席していた警部から「弁士中止」の解散命令が下された。嫌々ながら命令に従って演説は中止され、聴衆は不満げに建物の外へ出た。ところが、すぐに堺利彦や大杉栄らが二階の窓から顔を出し、追い出された聴衆に向かって演説を再開したのだ。折しも労働者の帰宅時間であり、彼らの多くが足を止め、あっという間に三〇〇人近い群衆となってしまった。この事態が治安警察法違反に問われ、関係者が起訴、二月一〇日には堺利彦ら演説した三人に対し軽禁錮一ヵ月一五日の判決が下された。

他方の動きとして、同じ年の五月『日本平民新聞』が弾圧のため第二三号で廃刊となっている。のちに大逆事件の主要人物の一人となる新村忠雄が『東北評論』を発行し、発禁となるのもほぼ同時である。

7　大逆事件への道(1)——赤旗事件(錦輝館事件)

この頃幸徳は病を得て土佐に帰郷し、クロポトキンの『麵麭《パン》の略取』の翻訳に従事していた。が、一九〇八年六月のいわゆる赤旗事件発生の報、とりわけ盟友堺利彦逮捕の報に接して、すぐさま東京に向けて発つ(七月二一日)。

一九〇八年六月二二日、東京・神田の錦輝館で開かれた同志出獄歓迎会の終了直前、幸徳秋水の直接行動論を支持する大杉栄らが、当時社会主義運動を二分していた議会政策派に対する示威のために、「無政府共産」、「無政府」、「革命」と白字で記した赤旗を翻して外に出た。これに対し、旗をしまわせようとする警官隊と乱闘になり、大杉のほか、堺利彦、管野スガ(筆名は須賀子、号は幽月)ら計一四人が検挙された。これが赤旗事件（錦輝館事件とも）である。

実際のところこの出来事は、社会主義運動内部の二派のいざこざ、議会政策派に対する直接行動派の示威的挑発であり、それも一種の「いたずら」、「悪ふざけ」に過ぎなかった。しかし、大杉、堺、管野という当時の有力な社会主義者が多く逮捕投獄されたことを知った山県有朋を黒幕とする国家主義勢力（しばしば「山県閥」と呼ばれる）が、一大反政府事件に仕立て上げたのだ。

というのも、当時の政府（第一次）西園寺公望内閣は、社会主義者に比較的寛容だったのだ。この内閣では、反政府活動に対しては指導・教育が重視され、警察力による社会主義者の取締りには慎重だった。これを弱腰と批判していた山県ら国家主義者は、錦輝館での出来事をチャンス到来とばかりに「事件」として捏造し、これを政治的に利用した。そして権謀術策を弄して、結果西園寺内閣を総辞職に追い込んだ。俗に言う山県による西園寺内閣の「毒殺」だ。その後山県らは（第二次）桂太郎内閣を成立させると社会主義者に対する取締りの強化を実現させた。この一連の出来事は、以後明治政府が社会主義運動に対する大弾圧政策へと転ずる転換点であり、赤旗事件はこの契機となった点で重要な歴史的事件である。

とはいえ、この事件が一大転換点であったとしても、その下地は密かに均《なら》されていたのだ。事件翌日、これに驚いた当時の原敬内相は、書類による報告ではなく直接参内する。この時彼は、侍従長徳大寺実則から、元老山県有朋が以前から密奏し当時の西園寺内閣の社会主義取締りが不十分であると明治天皇に告げていたこと、さらにこの上奏に対して天皇は「何とか特別に厳重なる取締もありたきものなり」、つまりは社会主義者鎮圧の要求を伝えていたことを聞き、驚き、憤慨する（一九〇八（明治四一）年六月二三日、『原敬日記』第三巻、二〇三—二〇四頁）。しかしこの三日後の六月二六日には再び山県が密奏、結局七月四日西園寺内閣は総辞職、同一四日桂内閣成立となる。

他方同じ頃、クロポトキンの訳稿を携えて上京中の幸徳は、道中七月二五日から八月八日まで、和歌山県新宮町（現・新宮市）に地元の知識人である医師、大石誠之助を訪ねている。この時、熊野川にて船遊びを楽しむ中、両者は爆弾の製造法について話をした。ただし、この時点で幸徳がこの爆弾を天皇暗殺に用いようと考えていた証拠はないばかりか、そもそも爆弾を用いた反政府活動の案自体に具体性がなく、放言と言ってよいものであったようだ。

八月一四日幸徳は東京に到着し平民社に居住する。翌一五日開廷された赤旗事件の公判には傍聴人として姿を現した。そして同月二九日には早くも判決が下る。官吏抗拒罪および治安警察法違反として、堺利彦、大杉栄ら一〇名に重禁錮二年六ヵ月から一年および罰金刑の実刑が下されたのだ。

単なる「悪ふざけ」に対するこの重い実刑判決は、直接行動派の内部にテロリズムへの志向を生んだ。つまり、大逆事件への伏線がまた一つ張られたのだ。

8　大逆事件への道(2)——反政府冊子配布と「共同謀議」

同じ年の一一月一〇日、大阪平民社での森近運平との会話から天皇制の虚構性を理解した宮下太吉が、明治天皇のお召列車拝観のため東海道線大府駅（愛知県）に集まっていた群衆に対して、「無政府共産、入獄紀念、革命」と表紙に記された反国家・反天皇の小冊子を配布するという事件を起こす（ただし、この冊子は宮下が著したものではない。匿名で彼に送られてきたこの冊子の著者は、曹洞宗禅僧の内山愚童であることが後に大逆事件の捜査の中で判明する）。

これが、近代日本国内で初めて公然とおこなわれた反天皇制の革命宣伝である。つまり、天長節不敬事件に見られたごとく海外でこそようやく活動していた、また日本国内では地下に潜伏し匿名で蠢いてきた反政府革命運動が、これ以降表舞台にその頭をもたげるのだ。

事態がこのように着々と進む中、同年一一月一九日、些細ではあるが重要な出来事が幸徳に起こっている。この日大石誠之助が平民社を訪問し四日間滞在した。この時、幸徳は旧交を温め気が置けない友人同士の四方山《よもやま》話を楽しんだ。その中で、パリ・コミューンの話題と絡めて、一夜にして天下をとる方法などといった革命につながる内容を話したらしい。後に「一一月謀議」と呼ばれるこの会合は、あくまで酒の席の雑談、いわば放談だった。しかしこの会合こそが、幸徳が参加した天皇暗殺の「共同謀議」と解され、大逆事件における幸徳秋水有罪の決定的な根拠とされることになるのだ。

また、同じ月には新村忠雄が『東北評論』の署名人として逮捕されている。

9　大逆事件への道(3)——新聞発刊、発禁処分、逮捕

年が明けて一九〇九（明治四二）年一月三〇日、幸徳の翻訳した『麵麭《パン》の略取』が平民社訳として

発行が届出され予約の募集が開始される。しかし、発禁処分となり、署名人の坂本清馬に罰金三〇円が科された。

二月五日、新村忠雄が出獄して幸徳を訪ね、以後平民社に同居する。続いて二月一三日には宮下太吉が上京し幸徳と森近運平を訪ねる。ここで宮下は、迷信打破のための天皇暗殺の決意を語った。しかし幸徳も森近もこれには賛成しなかった。後に宮下が逮捕され取り調べの中で語った次の言葉はこの時のことを指しているようだ。


幸徳には此の事を明治四十二年の一月頃に話をして見た処、彼は賛成しない、一体自分にはさう云ふことは出来ない、そんな兇暴なことをやるべきではないと言つて賛成して呉れなかつた。

（小山　一九二九、三五〇頁）


五月二五日、幸徳は、弾圧によって前年廃刊となっていた『日本平民新聞』の再建を目指し、当時同棲関係にあった管野スガと共に『自由思想』を発刊する。もちろん発禁処分となり、わずか二号で廃刊となる。なお、この『自由思想』の印刷名義人、古河力作は後に大逆事件の主要人物となる。

六月六日、それまで愛知県亀崎町（現・半田市）の亀崎鉄工所に勤めていた宮下太吉が、長野県中川手村（現・安曇野市）の明科製材所に転勤する途中、平民社を訪ねてくる。この時、彼は天皇暗殺計画の実行を語るが、幸徳は特に反応しなかったという。しかし、管野はむしろ共感したらしい。

七月一五日『自由思想』の発禁後配布の罪で、管野スガが逮捕される。この時彼女は肺を患って病床にあり、食物も喉を通らないほど弱り切っていたところを拘引されていった。九月一日には出版法違反により罰金刑の判決が下り、身柄は釈放され彼女は平民社に戻って来るのだが、病床の管野に対するこの非情な扱いが、彼女と新村をして宮下の天皇暗殺計画への参加を決意させた。

10　天皇暗殺計画具体化

以後、天皇暗殺計画は具体的に進められる。九月二八日には新村が、当時明科にいた宮下を訪ね、爆裂弾製造の共同謀議をおこなった。後に明科事件とも呼ばれる、大逆事件の主要部分の始まりだ。また同じ頃、管野・新村の二人が平民社で古河力作を説得し、暗殺計画に引き入れた。

ところで一〇月二六日には、朝鮮統監伊藤博文がハルビン駅頭で安重根により暗殺されるという大事件が起こっている。この暗殺と大逆事件の間に直接の関係はない。しかし、伊藤博文暗殺の意味するところは、単に当時そのような不穏な雰囲気が世に漂っていたというにとどまらない。実際に政府要人が暗殺されたのだ。これ以後国家の側には「不穏な雰囲気」以上のものが、「殺されるかもしれない」という具体的で現実的な不安が、「先にやらねばやられる」という極度の緊張感が、醸し出された。

天皇暗殺計画に戻ろう。一一月三日には宮下が、明科の大足山中で爆裂弾の試発を成功させている。この事実を彼は平民社に報告したが、反応は何も得られなかった。

一一月三〇日には、体調が悪化し入院していた管野の病が快方に向かい、退院して平民社に戻る。この時、幸徳は、意外な理由を挙げて管野に暗殺計画の放棄をすすめている。ここは幸徳解釈の一つのポイントだ。次節であらためて取り上げよう。

一二月三一日、宮下が爆裂弾の材料をカバンに入れて上京し、平民社に一泊する。

年が明けて一九一〇（明治四三）年一月二三日、管野・新村・古河の三人が、平民社内で御馬車と投弾者の配置図を描き、暗殺の方法を具体的に謀議した。この時、計画からの幸徳の除外を決めたと、管野スガは後に供述している。

［謀議の際］幸徳ハ其際既ニ革命熱カ余程冷却シテ居タカラ忠雄ノ室ニ於テ幸徳ヲ除外シテ種々話シタト思ヒマス（管野 一九一〇、二四四頁）

また、先に引いた、「幸徳は計画に反対した」旨の宮下の供述は、次のように続いている。

そこで新村と管野スガと古河力作とは知合であつたから、此の四人で決行することになつた。（小山 一九二九、三五〇—三五一頁）

かくして、幸徳を除きつつ、天皇暗殺計画自体は順調に進められていった。

11　警察の動き

ところが、である。わずか数人で、誰にも知られることなく進められていたはずの彼らの計画は、警察に感づかれていたのだ。

愛知県から長野県に転勤したわずか一五日後、一九〇九（明治四二）年六月二五日には宮下は既に、社会主義者として松本警察署明科駐在所の監視下にあった。翌一九一〇（明治四三）年一月二六日には、宮下がブリキ缶を注文したとの情報を同駐在所の巡査が署長に報告し、極秘内偵の指示を受ける。これが暗殺計画発覚の端緒だ。

四月二四日、宮下は、部下の新田融に（ノミトリ粉を入れると称し）小さなブリキ缶の作製を依頼した。すると、間を空けることなくこの情報は、工場に潜入させていたスパイによって巡査に伝えられた。続いて新田自身が警察に対し同じ事実を供述。この供述に従って五月二〇日には宮下の下宿が家宅捜索を受け、その場で三個のブリキ缶が発見された。

五月二一日、宮下は職場の部下である清水太市郎に対し、以前彼に預けておいた木箱の中身が実は爆裂弾の材料であることを明かした。さらに天皇暗殺計画の存在までをも明かした。そして、この秘密を知った今、おまえも同罪だと脅迫した。しかし、清水は警察に通じていたのだ。

翌二二日、清水は宮下を促し木箱を工場内の機械場に移させる。その上で清水は、警察に対して宮下の天皇暗殺計画をすべて供述し、二五日には工場内の機械場へ彼らを案内した。当然のことながら、件の木箱は発見され、証拠品として押収された。

これらの証拠と証言を根拠に、宮下は爆発物取締罰則違反容疑で松本署に連行された。そしてこれを皮切りに、新村・幸徳・管野・古河の四名が、爆発物取締罰則違反の現行犯と認定された。彼らは皆警察に追われる身となり、次々に連行されていった。

12 幸徳秋水逮捕

この後、事態は、国法に則り、国家の行政・司法制度に従って、滞りなく進む。

五月二九日、宮下が爆裂弾の使用目的を自供すると、二日後の三一日には松室致検事総長が幸徳以下七名の予審を大審院（現在の最高裁判所に相当）に請求、即座に開始。同日、一度の取り調べを受けることもなく幸徳は、刑法第七三条違反、皇族に対し危害を加えまたは加えようと企てた罪、つまり大逆罪の容疑で起訴される。同条の条文は「天皇、太皇太后、皇太后、皇后、皇太子又ハ皇太孫ニ対シ危害ヲ加ヘ又ハ加ヘントシタル者ハ死刑ニ処ス」。つまり、実行せずとも危害を加えようとしただけで罪に問うことができ、さらに規定された刑罰は死刑のみ、ということだ。そして翌日の六月一日、幸徳秋水は、著作の編集・執筆のため滞在していた湯河原で逮捕される。

六月三日には、別件で入獄していた管野スガが検事に自供する。また同日、新宮の大石誠之助が家宅捜索を受け、二日後の五日、彼の起訴が決まり、この日拘引された。

以後四ヵ月ほどのうちに、政府によって暗殺計画の関係者と目された者たちが、「宮下らが影響を受けた文章の著者である」との理由から、あるいは「かつて宮下らと親しかった」程度の理由によって、さらには「あいつならやりかねない、やっているはずだ」との根拠などまるでない単なる思い込みから、全国で次々と拘引され、最終的に計二六人が大逆事件の被告人として起訴される事態となった。その中には、事件発覚当時出版法等違反で既に服役していた内山愚童や、とうに運動から身を引いて故郷岡山で温室園芸に取り組んでいた森近運平らまで含まれている。

この間、国家の中枢でも事態は動いていた。

七月二七日、桂首相に宛てて「社会主義に対する愚見」が内相より提出され、社会主義からの「事前ノ防制」、「事後ノ防制」が、すなわち社会主義弾圧政策の強化が主張された。

九月八日には、元老山県有朋が再び上奏し、明治天皇に対し上記「愚見」の内容が反映された意見書「社会破壊主義論」を提出している。この文章の中で山県は、社会主義を「今ノ社会主義ナル者ハ［…］旧来ノ家国ヲ本位トスル倫理道徳ノ動揺シテ、遂ニ個人自主本位ノ道徳観念ニ推移シタルニ相由ス。社会主義ノ主張ハ家国ノ制ト相容レス。家国ヲ本位トシ忠孝ヲ大本トスルノ道義ノ観念尚鞏固ナル社会ニ於テハ［…］」（神崎　一九六八—六九、(3)二五三頁）と記して、その根絶を強く主張した。

その手段として山県は、教育・思想統制の引締め、社会政策の実施、強権的弾圧を示している。さらに、弾圧のための新たな取締法が必要であるとし、一一条からなる「社会破壊主義取締法私案」なるものさえ付している。この私案では、結社・集会・出版等あらゆる社会主義運動を禁じるとされていた。

他方、獄中の幸徳は、一二月一八日、暗殺と革命の関係など自分の思想とその嫌疑との矛盾・無関係さを説明し、同時に検事による取り調べと調書でっちあげの実態を伝える長い文章を執筆し、今村力三郎ら三人の担当弁護人に送る。後に「獄中から三弁護人宛の陳弁書」と呼ばれる印象深い文章だ。この文章には、死に向かう幸徳の思想の到達点が凝縮された形で著されている。次節で検討しよう。

なお同じ獄中で幸徳は、逮捕直前も執筆していた『基督抹殺論』を脱稿している。これはイエス・キリストという人間の実在性を否定する論考だ。この原稿は堺利彦に託され、幸徳の死後出版される。

13 裁判、判決、死刑執行

一二月一〇日より大審院にて公判が開始された。

裁判長鶴丈一郎は「本件事実審理の公開は、安寧秩序に害があるから、公開を停止する。今後の続行裁判も公開しない」と宣言し、審理を一切非公開とした（神崎 一九六八―六九、(3)二八五頁）。さらに、証人申請はすべて却下した。これが意味するのは、法曹関係者と被告人以外誰も審理過程を確認できず、まともな証拠調べもないということだ。

かくして審理は法に定められた司法手続きに従って、機械的に、粛々と、極めて迅速に進められる。同二五日被告全員に死刑が求刑され、審理開始から三週間にも満たない同二九日には早くも結審。判決は、公判開始のわずか三九日後、翌一九一一（明治四四）年一月一八日に下された。もちろん、大審院は「第一審にして終審」であり、これで終わりだ。上訴などない。

司法は政治から独立していない。元老山県は、判決に先立つ一月一五日宮相に、一六日には桂首相に、腹心の部下を密使として送り内意を伝達した。これを受けて両者はすぐに判決および恩赦の上奏手続きについて協議。一七日には、宮相がその結果すなわち判決および恩赦の手続きを明治天皇に内奏している。この一連の動きは、再び密使により「閣下御考慮の通り」と元老山県に報告された（同書、(4)六八頁）。

要するに、神崎の指摘する通り「大審院の審判が公表される以前に、元老山県につながる宮中・府中の権力者のあいだで、すでに死刑判決を既成の事実として、その前提の上に立って恩赦の形式による減刑の範囲」（同書、(4)六九頁）が語られていたのだ。この意味で、再び神崎の言う通り「死刑論告・事前漏洩・死刑判決・半数減刑・死刑執行のすべてが、法律的外形をとおしながら、実際は、元老山県の『無政府党処分』をめぐる謀略路線と権力機構のうみだす必然的な産物であった」（同書、(4)六七頁）と言えるだろう。ただし、この「法律的外形」と「権力機構」という国家の制度は、軽視すべきではない。山県も社会主義者を私的に暗殺したわけではないのだ。

一月一八日の判決により、幸徳以下二四名[4]に対し、刑法第七三条に従って求刑通り死刑が、他二名に有期懲役刑が宣告された。桂首相は、判決文の写しを携え参内し、明治天皇に上奏する。天皇より特赦すべき者についての御沙汰が下る。同時に首相は待罪書（進退伺い）を天皇に提出する。

判決翌日の一九日、明治天皇が打ち合わせ通り半数の一二名に対する特赦を裁可し、彼らは無期懲役に減刑される。二三日、法相が死刑執行指令を東京監獄に伝達。裁判開始の四五日後にして判決の六日後にあたる一月二四日、東京監獄の絞首台で、幸徳、宮下、大石、古河、新村ら一一名の死刑執行。翌二五日、同じ東京監獄の絞首台で、管野の死刑執行。

以上、幸徳秋水を中心とした大逆事件の経過をやや詳しく追ってみた。ユダヤ人であったこと以外（ゾラの告発後は）疑う余地なき潔白が明らかだったドレフュスに比べると、幸徳秋水は確かに疑わしい。事実として天皇暗殺を積極的に推し進めていた宮下太吉らとのつながり、また同じ管野スガとの密接なつながり（同棲・内縁関係）は確実であり、幸徳がこの計画について無関係であるというのも不自然に感じられる。大石誠之助との会話にしても、実際のところ何をどこまで話したのか判然としない。そもそも爆弾の製法や社会主義革命の具体的な実行について相談するためでなければ、なぜわざわざ紀州の大石に会う必要があったのか……。また振り返って考えれば、クロポトキンの信奉者である亡命ロシア社会革命党員フリッチ夫人と「大に治者暗殺のことを論ず」などと、渡米中の日記に嬉々として記していたではないか。やはり何と言っても、新聞紙上でさんざん反政府的言説を振りまいてきた、あの幸徳秋水だ。無関係だなどとは到底信じられない……。

しかし、である。幸徳自身が天皇暗殺計画に荷担したことを示す明確な証拠は一切存在しないのだ。

もちろん、そもそもが絶対非公開の裁判でありかつ今日に至るまで審理の詳細は明らかにされていない。その意味では、ドレフュス有罪の証拠と主張されゾラがその非存在を見破ったのと同様の「国家事由に関わる機密文書」が、すなわち「国家の存立に直接関わるが故に、絶対に非公開ではあるが、その文書の存在によって幸徳秋水の有罪は決定的なものとなるような機密文書」が、この世に存在しないという絶対的な証拠はない。

しかるに、能力ある研究者、心あるジャーナリストらによって精力的になされた後世の研究において、既に引いた神崎清の『革命伝説——大逆事件』（神崎 一九六八—六九）のみならず、近年の例えば中村文雄の『大逆事件の全体像』（中村 一九九七）や同じく『大逆事件と知識人——無罪の構図』（中村 二〇〇九）においても、山泉進の『大逆事件の言説空間』（山泉（編）二〇〇七）や田中伸尚の『大逆事件——死と生の群像』（田中 二〇一〇）においても、さらにごく新しいところでは北村巌『大逆罪』（北村 二〇一三a）でも、すべて一致して示されている通り——自白がないことは言うまでもなかろうが——信頼にたる証言など、ましてや物的な証拠など、一切何も確認されていないこともまた確かな事実なのだ。

そもそも、判決自体も非常にずさんなものだ。一例を挙げれば、北村巌が鋭く指摘している通り（北村 二〇一三b）、「一一月謀議」の後、新宮の大石誠之助宅であったとされている「大逆の謀議」（幸徳は参加していない）など、日付が特定されていないどころか、そのおおよその時期さえ、参加者とされる五人[5]について判決書の記述が一定しておらず、ばらばらなのだ。つまり有罪の根拠として挙げられた基本的な事実が確定されておらず、判決書の論理自体が無根拠のまま矛盾し破綻しているのだ。にもかかわらず有罪判決を出しているという事実は、そもそも審理の過程で事件の真実を明らかにする意図など初めから無く、「必要な有罪」に向けて「事実が造られた」ことを強く窺わせる。

確かに、幸徳が計画に積極的に関与したのではないかと思わせるような供述はある。例えば、先にも触れた一九〇八（明治四一）年夏の、新宮における幸徳と大石誠之助の会話に関する内山愚童の供述だ。この事件の捜査主任を務めた検事小山松吉の記録によれば、

幸徳は成石平四郎其の他と大石の家に面会した後に、幸徳がどこかで秘密に話をしたいと要求した、大石が瀞八町が宜からうと云ふので、そこへ舟を出して月見をした、其の舟の中で幸徳が大石に向つて、今度政府に対してどこまでも反抗してやらねばならぬが、必要なのは爆弾である［と言った］。（小山 一九二九、三八四頁）

しかしこの爆弾の使用目的として幸徳が天皇暗殺を考えていたとする証拠も供述も存在しない。むしろ、内山の次の供述を見ると、具体的な計画のために爆弾を作ろうとしていたわけではないようなのだ。せいぜい「何か大きな反政府活動をしよう」程度の考えを放言しているだけだ。

［明治］四十一年の八月十二日幸徳が郷里より上京の途次私の所に来た時に、大いに政府に反抗しよう、何かやろうと云ふことを［幸徳が］言つたのです［…］私［内山］の考では箱根のトンネルを壊して、東京では市川と荒川の鐵橋を壊し［…］（同書、三八二頁）

かように、内山の証言をもって幸徳が宮下らの計画に荷担していたとするのは無理があるのだ。証言に先立って「幸徳は荷担しているはずだ」と信じていなければ。

結局のところ、幸徳関与の直接的な証拠とされたものは、一九〇八年一一月の放談だけ。この具体性のない放談を「大逆の共同謀議」とみなし、これを受けて大石らが計画実行の「決死の士」を募ったという国家が描いたストーリーによって、幸徳秋水は計画の首謀者と断定されたのだ。

実際、担当検事小山松吉自身がのちに告白している。

幸徳伝次郎は此の事件に関係のない筈はないというのが、当時関係官吏一同の意見であつたのであります。管野スガは其の内縁の妻であり、新村忠雄も宮下も幸徳に無政府共産主義を鼓吹せられて、弟子同様になつて居る者でありますから、幸徳が此の事件に関係のない筈はないと断定した、松室総長も幸徳を共犯と認定する意見でありましたから証拠は薄弱ではありましたが幸徳も同時に起訴するやうになつたのであります。（同書、三五一―三五二頁。強調引用者）

「疑わしい」、ただそれだけの理由で幸徳秋水は、根拠無く逮捕され、裁判に掛けられ、死刑を宣告され、処刑された。いかに戦前の司法といえども、これは本来ありえない。が、これこそ、現代にも存在する冤罪の典型的なパターンであることもまた事実だ。一般に、冤罪被害者は、冤罪であることがはっきりするその瞬間までは非常に疑わしく見えるものだ。

実のところ、初めのうち、皆で具体性なく放談していたころは、幸徳もそれなりに乗り気だったようだ。しかし、話が進むにつれて、企て成功の見通しの薄さにも気付き、次第に関心を失ってゆき、社会主義・無政府主義の思想・理論上の指導者として相談には乗ったものの、天皇暗殺計画の具体的な話にはなんら関与していないというのが実際のようだ。この経過は、管野スガの証言記録（予審調書）の中に示されている。

［一九一〇（明治四三）年一月二三日平民社における管野スガ、新村忠雄、古河力作の三人による天皇暗殺方法の具体的謀議の際］幸徳ハ其際既ニ革命熱カ余程冷却シテ居タカラ忠雄ノ室ニ於テ幸徳ヲ除外シテ種々話シタト思ヒマス（管野 一九一〇、二四四頁）

本年［明治四三年］二月頃カラノ事テス　私カ時々話シテモ幸徳ハ到底其様ナ事［天皇暗殺による革命］カ成効スルモノテハナイトカ或ハ自分カ書物ヲ著述スルカラ於前モ夫レヲ手伝ヘトカ申シテ居リマシタ（同書、二四五頁）

幸徳モ初メハ革命運動ノ決心アル如クニ見ヘマシタガ［…］自己カ革命運動ヲ鼓吹シテ居タカラ後ニ引ク事モ出来ス一応ハ相談ニ与ツタノカモ知レマセヌ（同頁）

［湯河原滞在中］其時ハ幸徳ノ意思ハ到底［実行計画への参加を］勧メテモ駄目タト言フ事カ判ツテ居リマシタカラ何トモ申シマセヌテシタ　私ハ幸徳ト一緒ニ居テハ決心カ鈍ルカラ出獄シタラ

幸徳ニハ無断テ何レヘカ参ツテ居ル積リテシタ（同頁）

結局、大逆事件の弁護人今村力三郎が後に言った通り「幸徳伝次郎は主義において首領たるも、大逆罪においては首謀者に非ず」（今村力三郎『芻言』、専修大学今村法律研究室（編）二〇一二、二七二頁）との認識が事実に近いのだ。つまり、彼は実際には何もしていない。

確かに、宮下や管野らの計画を「当初相談されていた（そしてこれに反対した）」ことを「謀議」と捉えるなら、幸徳も無関係ではないと言えるかもしれない。実際今村力三郎はこの立場だった。しかし、当時の法解釈がどうであれ、計画に反対したことを謀議と呼ぶのは、牽強付会というものではなかろうか。また「一一月謀議」なるものが宮下らの天皇暗殺計画（明科事件）とは何の関係もない放談であったことは今日すべての研究者が認めており、少なくともこれを根拠とする幸徳の有罪は成り立ちえないのは確かである。

かくして幸徳秋水は、大逆罪に関しては、アルフレッド・ドレフュス同様、濡れ衣を着せられたのだと結論付けてよいだろう。彼はただ、社会主義者・無政府主義者として日本国から「非国民」としての「身の程を知らされ」、「分をわきまえさせられ」、刑死させられたのだ。それが「社会主義者」幸徳秋水の「社会的役割」だったのだ。

国家の側からすれば、これは「悪」や「誤り」ではありえない。あらかじめ定められた国家の制度が合理的に機能したのだから。幸徳が事実何をしたか／しなかったかなど、ドレフュスがスパイ行為を実際に働いたか否かと同じく、問題ではない。自然主義文学や実証主義科学の精神とは正反対に、事実・真実は問われないのだ。ここで尊重されるのはむしろ「必要な虚偽」だ。かつて「愛国的偽書」が賞賛されたように。

第二節　幸徳秋水
——人間の社会的生の事実を見据え国家の虚偽を暴く者

1　人間的生

管野スガへの助言——生命の尊重

さて、大逆事件のおおよその事実経過は以上の通りだ。が、この一連の経過の中に、事件の主要な要素ではなく通常さほど注目されない、しかし人間社会なるものを問う我々にとっては興味深い一つの事実が、先にも見た管野スガの証言記録の中にある。

其当時［一九〇九（明治四二）年一一月三〇日］ヨリ幸徳ハ人間トシテ生ヲ此世ニ享ケテ居リナカ

ラ自ラ求メテ艱難ヲ為シ早ク死スルノモ如何テアロウカ暫クハ平和ノ生活ヲ為シタ方カヨクハアルマイカ尚我々ノ主義ハ必スシモ直接行動ニヨッテノミ達セネハナラヌト言フ事ハナイ書物ヲ著ハシ新聞ヲ書キ一般ノ人民ヲ教育スルモ亦主義ノ為メニ尽ス一方法テアルト申シテ居リマシタ（管野　一九一〇、二四四頁）

つまりこの期に及んで「秋水は［…］管野に、生命の尊重を説いて、暗殺計画の放棄を勧め」ている（中村　一九九七、九八頁）のだ。「主義のためには自らの生命のみならず他人の生命の破壊も厭わない」、「およそ生命というものを尊重しない」、「直接行動論者」、要は「テロリストまがいの過激な革命家」という（専門家や知識人はともかく）今日一般に我々が抱いている幸徳のイメージを真っ向から裏切る彼の姿がここに現れている。

もし、彼がそのような、生命を軽んじるテロリストであったならば、革命の情熱に浮かされた管野を――現代世界に頻繁に見られる如く――自殺的テロへと導いただろう。本人もそれを望んでいたのだ。革命の達成のためには必要な犠牲として、むしろ彼女を説得するのがごく自然な成り行きだ。

またそうではなく、病み上がりの彼女ではテロ実行の信頼性に欠けると考えたならば、そのように言い渡したことだろう。「今のおまえには実行能力がない」と。それが合理的であり、管野には説得的だったはずだ。革命の犠牲となることを自らの生の意味とする熱病にかかっている者に、生命の尊重を諭すなど、ナンセンスだ。

しかし、幸徳はその一見ナンセンスな説得をおこなったのだ。つまり、幸徳の思想において、革命や暗殺は最重要なものではない。国体（国家体制）の変革は人の生命を賭してまで急ぐ価値のあるものではない。管野の証言は、たったこれだけの微かなものに過ぎないが、それでも幸徳が革命に増して「人としての生」を重んじていたことは読み取れる。そしてその内実は、上記証言中自殺的テロリズムとは別の道として端的に表現されているように、他人に向けて書き、話すこと、そして他人の理解を得ること、つまり他者との意志的な交わりのようだ。無論それは国家体制の変革と無関係ではない。国体の変革を志向している。にもかかわらず、いやまさにそれ故に、幸徳は、この人間の他者との交わりを、つまりは「人間の社会的生」すなわち「他者と共に生きる現実」を尊重しているようにさえ見える。

そこで以下、この点を明確にするために、幸徳における国家と社会について見てみよう。

2　国家と社会

国家と公《おおやけ》

ドレフュス事件におけるゾラと異なり、大逆事件において幸徳は自身が主たる被告人であった。そして裁判はドレフュス裁判と同じく非公開であった。のみならず、大逆事件について何かを伝えることそれ自体、国家によって厳しく禁じられていた。実際それは、新聞紙法第四二条違反に当たる立派な犯罪だった。

したがって、新聞紙上で社会的に広く訴えたゾラとは異なり、大逆事件のただ中における幸徳の言葉は、人々に届かなかった。当時も今も、誰にも――弁護人を除けば、彼を陥れようとする者たち以外には誰にも――訴えられなかった。故に、今日我々が幸徳の思想を、彼の言葉を聞きたいと願うならば、彼が逮捕される以前に発表した文章にもっぱら依る必要がある。

その上で、では幸徳秋水は、日本の国家主義を――それは永井荷風が『ふらんす物語』発禁処分において直面し、その後太平洋戦争へ向かう歴史の中で直面させられ続けるものだ――どう見ていたのか。国家なるものをどのように考えていたのか。これについて彼は、名著『廿世紀之怪物帝国主義』の中で詳述している。当時猛威を振るっていた帝国主義を、「所謂愛国心を経となし、所謂軍国主義《ミリタリズム》を緯となして、以て織り成せるの政策」（『廿世紀之怪物帝国主義』、『幸徳秋水全集』第三巻、一一七頁）と規定し分析したこの国際的にも先駆的な書の中に、幸徳の国家観を探ってみよう。

この書の前半で幸徳は、いわゆる「愛国心」を分析している。その中で言う。

> 蓋し孩児の井に墜ちんとするを見ば、何人も走つて之を救ふに躊躇せざるべきは、子輿氏我を欺かず。若し愛国の心をして真に此孩児を救ふ底のシムパシー［ママ］、惻隠の念、慈善の心と一般ならしめば、美なる哉愛国心や、醇乎として一点の私なき也。
>
> 然れども思へ、真個高潔なる惻隠の心と慈善の念は、決して自家との遠近親疎を問はざること、猶ほ人の孩児の急を救ふに方つて、其我の子たると他の子たるを問はざるが如し。是故に世

界万邦の仁人義士は、ツランスワールの為めに其勝利と復活を祈り、比律賓の為めに其成功と独立を祈れり、其敵国たる英人にして然る者あり。其敵国たる米人にして然る者あり。所謂愛国心は果して能く如此くなるを得る乎。

今の愛国者や国家主義者は、必ずやツランスワールの為めに祈るの英人を以て、愛国の心なしと罵らん、比律賓の為めに祈るの米人を以て、愛国の心なしと罵らん。然り彼等或は愛国の心なかる可し、然れども高潔なる同情、惻隠、慈善の心は確に之れ有り。然らば即ち愛国心は、彼孩児を救ふ底の人心と一致せざるに似たり。

然り我は所謂愛国心が、醇乎たる同情惻隠の心に非さる《［ママ］》を悲しむ。何となれば愛国心の愛する所は、自家の国土に限れば也。自家の国人に限れば也。他国を愛せずして唯た《［ママ］》自国を愛する者は、他人を愛せずして唯た《［ママ］》自家一身を愛する者也。浮華なる名誉を愛する也、利益の壟断を愛する也。公と云ふ可けんや。私ならずと云ふ可けんや。(同書、一一七―一一八頁。強調引用者)

そう、国家がすなわち「公」というわけではないのだ。むしろ「私」かもしれないのだ。これは重要な指摘だ。少なくとも、当時国家主義者の尊ぶ国家は、「公」のものではなかった。それはむしろ自己愛に基づく「私」的なものだった。それは、上記引用にあるように、自分との遠近親疎を問わず他者を人間とみなし、我が子であれ他人の子であれ区別せず助けに向かうような考え方に、つまりいわば人間の社会的共生の原理に基づいてはいなかった。つまり、幸徳の理解によれば、当時の日本国家は、社会的な意味における「共」的なものではなかった。

さらに言えば、国家が公的なものであるためには、当然ながらそこに反国家・反政府の国民をも包含せねばならない。国家を倒そうとする者たちでさえ、同国民であれば、彼らをも――幸徳秋水とその仲間たちをも――「死をもって排除」などしてはならないのだ。為政者の都合で彼らを、共生の場である社会そのものから「除去」するということは、時の為政者の恣意的で私的な行為でしかない。そしてこれを国家の名の下におこなうのであれば、それは「国家という制度の私的な利用」そのものなのである。

国家と故郷《ふるさと》

国家をこのように規定した後、続いて幸徳は、「愛国心」と「望郷の念」という似て非なる二つの心情について語り、愛国心の虚栄を、その利己性を、その排他性を指摘する。その際彼は、故郷《ふるさと》の具体像として、「誰か垂髫《すいちょう》の時、竹馬に鞭つの時」見た「某山某水」、「少年青春の愉快〔な時代〕」、その気候風土、食べ物、「志を談する」知己、「憂を慰する」「父母妻子」、つまり人が生まれ育った土地で直に体験した環境を列挙する（『廿世紀之怪物帝国主義』、『幸徳秋水全集』第三巻、一一八―一一九頁）。

こうして挙げられた故郷《ふるさと》を構成する要素が、国家を構成するそれとはおよそ異なるものであることは容易に理解されよう。生まれ育った気候風土、幼い頃から親しんだ山や川は、国家体制がどうあれそのものとしてあることは明らかだ。仮にある人の生地が他国の植民地だったとしても、そして宗主国が幾度も変わったとしても、そこが幸徳の語る意味での「故郷《ふるさと》」、つまり原体験としての彼の「故郷」であることに変わりはないことを考えれば納得がゆくだろう。つまり「故郷《ふるさと》」と「国家」は別物なのだ。
実際、幸徳はこの書の緒言で宣言している。

> 蓋し国家経営の目的は、社会永遠の進歩に在り、人類全般の福利に在り。[…]我は信ず、社会の進歩は、其基礎必ずや真正科学的智識に待たざる可らず、人類の福利は、其源泉必ずや真正文明的道徳に帰せざる可らず。而して其理想は必ずや自由と正義に在らざる可らず、其極致は必ずや博愛と平等に在らざる可らず。(同書、一一五頁)

国家とは目的を持って経営(運営)される一制度である。各人がそこに参加したり脱退したりする、ある形式だ。その目的こそが国家の存在理由である。事実、既に我々自身も確認した通り、ドレフュス事件においても大逆事件においても、国家の制度、国家というシステムはそれ自身に即して「正しく」機能したのだ。山県有朋らは国家システムを利用しただけだ。それを曲げたわけではない。定められた司法手続きの遵守と度重なる天皇への上奏を思い起こされたい。彼らなりに「国家の中で正しく」振る舞っているのだ。

もちろん、彼らは国家権力を、とりわけ当時その支柱を成していた警察と軍隊と天皇を自らの利益のために利用することに全力を尽くした。彼らはいわば国家を私物化しようとした。しかし、そもそも国家を私的に利用することは国家を否定することにならない。国家は公的なものでも私的なものでもありうるからだ。それは、それ自身としては一つの制度、一つのシステムなのだから。

ただ、いずれの事件においても、国家事由が真実よりも優先されたのだ。ドレフュス事件ではゾラの訴え以降ドレフュス無実は周知の事実であったし、大逆事件ではそもそも証人申請はすべて却下された。いずれも事実から目を背けたのだ。そのために国家は、本来自らの存在理由であり目的であるはずの現実の人間の生たる社会から離れ、自己の機能の維持を目的化し、結果ひどい現実離れを起こしたのだ。

　これとは対照的に「故郷《ふるさと》」は、追求すべき目的、その存在理由など持ってはいない。故郷《ふるさと》とは、その統治・運営形態にかかわらず、そこで各人が生まれ育つ、「直接経験として与えられた一つの場」である。それは抽象的な制度ではない。領域でさえない。それは各人の生にとって所与の、つまり選択の余地なく与えられた直接経験そのものである。それは構築物ではない。だからこそそれは解散できない。国家は制度である以上、取りやめたり他の制度に交換したりできるのだが。一言で言って故《ふる》郷《さと》とは、体験の共同体である。それは制度の対極である。

　それが体験、すなわち直接経験であるということは、言葉に先立っているということ、つまりそれが概念的な理解に先立つものであることを意味している。それは知性や意志に先立って、生まれたばかりの赤ん坊によってさえまさしく直接に経験されている。この否定し難い事実こそ、故郷《ふるさと》が「知」や「意」ではなく「情」的な場である理由だ。そこでは人々は「知性」や「意志」によってではなく、否定し難く選択の余地のない「執着」、その意味で非合理的な「情」によってつながっているということだ。

　自らの生地は自ら選んだものではなく、自らの生という経験的事実もまた同じだ。それらは「理由無く与えられた」ものだ。それ故に、それ以外の自分の人生はありえない（ありえなかった）のだ。だからこそ、「故郷《ふるさと》」の否定は自分の人生という直接経験の否定となり、たとえそれが非合理的な行動であっても人はそこに情的に執着せざるをえないのだ。「郷愁」の源泉はそこにある。郷愁は理性的で分析的な判断の結果ではない。

ただしここで一点、再び強調しておかねばならぬ違いがある。すなわち、共同体は人間社会ではないということだ。幸徳が指摘する通り、愛国心と同様に愛郷心も排他性を、つまり「自分の故郷《ふるさと》とそれ以外の土地」の区別をその本質として持っているのだから。つまり、故郷《ふるさと》は人間性一般を、普遍的人間性を包含できないという点には注意が必要だ。

いずれにせよ幸徳は、このような「愛国心」は「望郷の念」とは異なり決して国家や国民同胞を愛するものではないこと、そこにあるのは単に軍人の自己愛であり他の国民は眼中にないこと、それは一種動物的な好戦性に由来する外国人に対する憎悪であり、文明社会に敵対しこれを破壊するものであることを暴き出す。

> 封建時代の武士は、国家を以て武士の国家なりとせり、政治を以て武士の政治なりとせり、農工商人民は之に与かるの権利なく又義務なしと思惟せり。今の軍人も亦た国家を以て、皇上及び軍人の国家なりと為せる也、彼等は国家を愛すと云ふと雖も、其眼中軍人以外の国民あらんや。故に知る愛国心の発揚は、其敵人に対する憎悪を加ふるも、決して同胞に対する愛情を加ふる者に非ざることを。（同書、一三九—一四〇頁）

故に知れ政治を以て愛国心の犠牲となし、教育を以て愛国心の犠牲となし、商工業を以て愛国心の犠牲となさんと努むる者は、是れ文明の賊、進歩の敵、而して世界人類の罪人たることを。

［…］

故に我は断ず、文明世界の正義人道は、決して愛国心の跋扈を許す可らず、必ずや之を苅除し尽さざる可らずと。（同書、一四一―一四二頁）

如此くんば、所謂愛国心は、即ち外国外人の討伐を以て栄誉とする好戦の心也、好戦の心は即ち動物的天性《アニマルインスチンクト》也。而して此動物的天性や、好戦的愛国心也、是れ実に釈迦基督の排する所、文明の理想目的の相容れさ〔ママ〕る所に非ずや。（同書、一二三頁。強調引用者）

ドレフュス事件とエミール・ゾラ

この理解をもって幸徳は、「軍国主義が統制と規律を学ばせ勇気を与えて偉大な人物を、ひいては偉大な国民を作る」という批判に対抗し、「それはむしろ、人心を荒廃させ、道徳性を堕落させ、人間性を損なう」と主張する。その中で――一〇年後に訪れる自分の運命を微かに予感していたのだろうか――ドレフュス事件におけるフランス国軍の腐敗とこれに対峙したエミール・ゾラを引き合いに出す。

近時世界の耳目を聳動せる仏国ドレフユー［ママ］の大疑獄は、軍政が社会人心を腐敗せしむる較著なる例証也。

見よ其裁判の曖昧なる、其処分の乱暴なる、其間に起れる流説の、奇怪にして醜辱なる、世人をして殆ど仏国の陸軍部内は唯だ悪人と痴漢とを以て充満せらるゝかを疑はしめたり。怪しむ勿き也、軍隊の組織は悪人をして其兇暴を逞しくせしむること、他の社会よりも容易にして正義の人物をして痴漢と同様ならしむるの害や、亦他の社会に比して更に大也。何となれば陸軍部内は圧制の世界なれば也、威権の世界なれば也、階級の世界なれば也、服従の世界なれば也、道理や此門内に入るを許さざれば也。

蓋し司法権の独立完全ならざる東洋諸国を除くの外は、如此きの暴横なる裁判、暴横なる宣告は、陸軍部内に非ざるよりは、軍法会議に非ざるよりは、決して見ることを得ざる所也。然り是れ実に普通法衙の苟も為さざる所也、普通民法刑法の苟も許さゞる所也。

而も赳々たる幾万の貔貅《ひきゆう》［軍隊］、一個の進んでドレフユーの為めに、其冤《ぬれぎぬ》を鳴して以て再審を促す者あらざりき、皆曰く、寧ろ一人の無辜を殺すも陸軍の醜辱を掩蔽するに如かずと。而してエミールゾーラ［ママ］は蹶然として起てり、彼が火の如く花の如き大文字は、淋漓たる熱血を仏国四千万の驀頭に注ぎ来れる也。

当時若しゾーラをして黙して已ましめんか、彼れ仏国の軍人は遂に一語を出すなくして、ドレフユーの再審は永遠に行はれ得ざりしや必せり。彼等の耻なく義なく勇なきは、実に市井の一文士に如かざりき。彼軍人的教練なる者於是て一毫の価値ある耶。

孟子曰く、自ら反して直くんば千万人と雖も我れ往かんと、此意気精神、唯だ一文士ゾーラに見て、堂々たる軍人に見ざるは何ぞや。(『廿世紀之怪物帝国主義』、『幸徳秋水全集』第三巻、一五九―一六〇頁)

さらに、別の箇所では端的に根底から軍国主義を批判する。

統一を習ふと言ふこと勿れ、人殺をすの統一は何の尊ぶべき乎、規律に服すと言ふこと勿れ、財を糜するの規律は何の敬すべき乎、勇気を生ずと言ふこと勿れ、文明を破壊するの勇気は何の希ふべき乎。否な此規律、統一、勇気すらも、彼等兵営を出る一歩なれば、茫として其痕を止めさる《[ママ]》也。贏《あま》す所は、唯た《[ママ]》強者に盲従して弱者を凌虐するの悪風のみ。(同書、一五五―一五六頁。強調引用者)

かくして幸徳は、国家と社会を区別して次のように述べるに至る。

掠奪、征服に依て領土の拡張を図れる欧洲諸国の帝国主義は、実に文明人道に対する大々的侮辱たる也。(同書、一七七頁。強調引用者)

[帝国主義を批判して]国家の繁栄は決して切取強盗に依て得べからず、国民の偉大は決して掠

奪侵略に依て得べからず、文明の進歩は一帝王の専制に在らず、社会の福利は一国旗の統一にあらず、唯た［ママ］平和なるに在り、唯だ自由なるに在り、博愛なるに在り、平等なるに在り。（同書、一七二頁。強調引用者）

この通り、幸徳にとって文明社会の、人間社会の有り様は、一国家の統一とはまったく別ものである。それは、人間が共に生きる現実、つまり平和に、自由に、博愛に於いて、平等に共存する現実である。その上で、国家を打ち破り人間社会を守る運動こそを社会主義であると規定したのだ。

見よ愛国心の弊毒は既に絶頂に達せり、［…］此強敵や迷信的に非ず理義的也、中古的に非ず近世的也、狂熱的に非ず組織的也、而して其目的や彼愛国宗及び愛国宗の為せる事業を尽く破壊するに在り。之を名けて近世社会主義と云ふ。（同書、一三四頁）

3　社会の内実

獄中から三弁護人宛の陳弁書

では、そこで実現されるべき社会とはどのようなものか。大逆事件の首謀者として逮捕拘留され死を覚悟した幸徳秋水最後の文章「獄中から三弁護人宛の陳弁書」の中で彼は、晩年自ら奉じた無政府主義の本質として、次のようにまとめている。

> 今日の如き権力武力で強制的に統治する制度が無くなつて道徳仁愛を以て結合せる相互扶助共同生活の社会を現出するのが人類社会自然の大勢で、吾人の自由幸福を完くするのには此大勢に従つて進歩しなければならぬといふに在るのです。（「獄中から三弁護人宛の陳弁書」、『幸徳秋水全集』第六巻、五二二頁）

いささかユートピア的ではあるが、彼が麗しく表現している「権力武力で強制的に統治する制度が無くなつて道徳仁愛を以て結合せる相互扶助共同生活の社会」が意味するところはもはや明らかだ。

> 識者先覚者の予知し得ることは、来るべき革命が平和か戦争か如何にして成るかの問題ではなくして、唯だ現時の制度組織が、社会人文の進歩発達に伴はなくなること、其傾覆と新組織の発生とは不可避の勢なること、封建の制がダメになれば其次には之と反対の郡県制にならねばならぬこと、専制の次には立憲自由制になるのが自然なること等で、此理を推して、私共は個人競争、財産私有の今日の制度が朽廃し去つた後は、共産制が之に代り、近代的国家の圧制は、無政府的自由制を以て掃蕩せらるゝものと信し《［ママ］》此革命を期待するのです。（同書、五二七—五二八頁）

それは、権力的抑圧ではなく相互扶助によって人々が緩やかに集まり生きる状態であり、その実現は歴史の必然な流れの中で、革命をもっていわば全面化され実現されるものなのだ。要するに、人が、社会を成すために国家は必ずしも必要ではないのだ。

だからこそ、幸徳は管野に生命の尊重を説いて天皇暗殺計画の実行をいさめたのだ。一方で国家は歴史的必然的に瓦解する。それはあってもなくてもよいものだ。他方、人が共に生きるという状態、すなわち社会という人の生の状態は、要不要を問いうるものではなく、人がこの世に生きる限りにおいて崩壊しえないもの、人が生きるという事実と同義のもの、人間にとって避け難い現実であり、いかに革命家であるとはいえ、国家よりも社会を、国家よりも人間の生を優先せざるをえないのだ。人間の生たる社会こそが、基盤なのだから。「人間が一人もいない国家」は、生きる人間にとって意味を持たない(が、国家が制度である以上、それはありうる)。

4　国体

社会主義と国体、ヒューマニズム、「個人主義」

だからこそ、つまり国家と社会とはこのようにまったく別のものであるからこそ、幸徳は、当時の日本の国体、すなわち天皇を君主とする国家体制を自らの主張たる社会主義と——一見奇妙にも——無矛盾なものであると主張する。

一九〇二(明治三五)年一一月一五日『六合雑誌』第二六三号上に幸徳は「社会主義と国体」と題

する興味深い文章を寄稿している。この文章の中で彼はまず、講演会で聴衆から「社会主義は我国体と矛盾しはせぬ歟」（「社会主義と国体」、『幸徳秋水全集』第四巻、五三一頁）としばしば問われることを話し、これに答えようとする。

幸徳は、いわゆる国体とは「普通に解釈する所に依れば、日本では君主政体を」（同書、五三二頁）意味する、それも君主政体一般ではなく「二千五百年一系の皇統を名ける様だ」（同頁）と指摘する。その上で「社会主義なるものは、果して彼等の所謂、国体、即ち二千五百年一系の皇統存在すてふことと、矛盾衝突するのであらう歟、此問題に対して、予は断じて否と答へねばならぬ」（同頁）と強調する。

というのも、一つには「社会主義の目的とする所は、社会人民の平和と進歩と幸福とに在る、此目的を達するが為めに社会の有害なる階級制度を打破して仕舞つて、人民全体をして平等の地位を得せしむるのが社会主義の実行である」（同頁）が、明治維新で宣言された四民平等はまさしくこの階級制度の打破であり、もし社会主義が国体に反するとするのであれば、明治維新が国体に反することになってしまうからである。

しかしもう一点、より本質的な理由がある。

社会主義は元より君主一人の為めにするものでなくて、社会人民全体の為めにするものである、故に進歩したデモクラシーの主義と一致する、併し是でも決して国体と矛盾するとは言へぬ、何となれば、君主の目的職掌も、亦社会人民全体の為めを図るの外はないのである、故に古より明王賢主と呼ばれる人は、必ず民主主義者であつたのだ、民主主義を採られる君主は必ず一種の社会主義を行つて、其徳を謳はれたのだ。［…］

［…］社会主義は必しも君主を排斥しないのである。

［…］社会主義は社会人民全体の平和と進歩と幸福とを目的とするのであつて、決して君主一人の為めに図るのでない、故に朕は即ち国家なりと妄言したルイ十四世の如き極端な個人主義者は、元より社会主義者の敵である［…］而して我日本の祖宗列聖の如き、殊に民の富は朕の富なりと宣ひし仁徳天皇の大御心の如きは、全く社会主義と一致契合するもので、決して矛盾する所ではないのである、否な日本の皇統一系連綿たるのは、実に祖宗列聖が常に社会人民全体の平和と進歩と幸福とを目的とせられたるが為めに、斯る繁栄を来したのである、是れ実に東洋の社会主義者が誇りとする所であらねばならぬ、故に予は寧ろ社会主義に反対するものこそ、反つて国体と矛盾するものではない歟と思ふ。（同書、五三三―五三六頁）

実に奇妙な論理だ。この論理で社会（人民全体）と国家を一致させようとするのであれば、君主制ではなく共和制にならざるをえないはずだ。というのも、社会主義が、階級闘争を止揚しようとするのであれば、原理的に人民とは人間全体を指さざるをえず、天皇家も人民たらざるをえない。しかし、それは君主制の否定であり、国体の否定となってしまう。なんとなれば、王は臣下ではなく天皇は国民ではありえないのだから。にもかかわらず幸徳は、君主制の擁護を試み、結果論理は「捻《ねじ》れ」ている。デュルケームと共に我々が確認した論理の言葉を用いれば、人間の共通性を支える権威を人間社会の外部に認めてしまっている。

確かにこの文章はそもそも論理があまり明確ではなく、時代状況を考えればどこまで本気で言っているのかわからない。実のところ、弾圧を避けるため巧妙に遠回しに国体を否定しているようにも解しうる。しかし、彼の政治的真意を一旦脇に置き、その論理それ自体を見てみれば、要するに、民主的な君主であればいわば「社会主義的君主制」とでも呼びうる政体が成り立ちうると主張されているのは確かだ。つまり、君主制ないし共和制という国家の体制の水準と、彼の言う社会主義の水準は区別されているのだ。国家体制はいわば社会の人民の生活のための「形」なのだ。社会という内実には様々な形がありうるということだ。

このような幸徳の国体観は、国家主義の進行する当時の状況の中で無理をした、ないしはそれを揶揄したものではないようだ。というのも死の直前、「獄中から三弁護人宛の陳弁書」の中で、先に挙げた箇所に続けて、幸徳はこの論理を徹底し、皇室の未来について次のように述べているのだ。

無政府主義者の革命成るの時、皇室をドウするかとの問題が、先日も出ましたが、夫れも我々「無政府主義者」が指揮命令すべきことでありません、皇室自ら決すべき問題です、前にも申す如く無政府主義者は武力権力に强制されない万人自由の社会の実現を望むのです、其社会成るの時、何人が皇室をドウするといふ權力を持ち命令を下し得る者がありましやう、他人の自由を害せざる限り、皇室は自由に勝手に其尊栄幸福を保つの途に出で得るので、何等の束縛を受くべき筈はありません。（「獄中から三弁護人宛の陳弁書」、『幸徳秋水全集』第六巻、五二八頁）

結局、幸徳の一見捻れた論理はやはり、「皇族も同じ人間である」ことに、社会的存在としての人間はすべからく人権を持つという認識に帰結したのだ。これは、言うまでもなくドレフュス事件に際して主張された「個人主義」の主張だ。そこでは国民に対する国家の偽公的権威は、人間性に対する社会の公共的権威に取って代わられる。そしていずれ永井荷風もまた、彼自身のフランスと日本の狭間で、同じ認識に達するだろう。

国家の真実の暴露

ところで幸徳は、国体と社会主義を無矛盾でありうるものとして捉えている。そのため彼は、無政府状態での皇室の有り様を、当然に自由なものとして捉え、この考え自体言うまでもない当然のものとして非常に率直に書き記している。

が、考えて欲しい。実のところこの思想は、国家の側にしてみれば、直接対峙よりも重い、自らに対する根底的な批判・否定なのだ。なんとなれば、彼は国家という有り様を、社会的現実の側から、全否定しているからだ。皇室はもちろんのこと、国家そのものも、公的なものとしては人間の社会的生にとって特に必要なものではないことを、あまりにも素直に暴露しているからだ。

政治的次元で考える国家からすれば、政敵と異なり、このような相手には交渉の余地がない。社会主義者は国家主義者の政敵ではない。政権交代を、権力の奪取を目指す政治的ライバルではないのだ。故に駆け引き、買収、妥協といった通常の政治的プロセスの余地がない。例えば連立政権などありえない。この意味においてこれは大日本帝国という有り様に対する根源的な否定なのだ。

つまり幸徳秋水は、国家というものが、固有の内実を欠いた空虚な幻想であることを、それらは民衆の現実の、他にありえない唯一の「ユニークな」生ではないことを暴いてしまったのだ。彼は、社会主義者にして無政府主義者である幸徳秋水は、エミール・ゾラとまったく同じく、人間社会の現実をしかと見据え、現実を覆う他人のヴェールを引きはがす者だ。そしてその時、ヴェールは無価値となる。

これは、国家を転覆するという意味ではない。幸徳にとって国家、殊に日本のそれは「自然に壊れ」つつあるものだった。実際、「社会主義と国体」と同年に書かれたとおぼしき演説原稿「国家廃止論」には次のようにある。

> 二千五百年来続き来つて居る日本の国家を私が革命を起して打壊して仕舞う〔ママ〕など〻いふ恐ろしい話しではありません、否日本の国家は私が壊さなくても段々自然に壊れて来てるかも知れない。(「国家廃止論」、『幸徳秋水全集』別巻二、一三九頁)

だとしても、それは(おそらく本人が自覚していた以上に)破壊的な話なのだ。そして不気味なのだ。いわゆる反政府テロリストよりも、国家にとっては組しづらい、不気味な相手なのだ。だからこそ国家は幸徳らを眼前から永久に消したかったのだ。単に政府に反対したからではない。

もちろん、時の政府は、直接には天皇暗殺、国体破壊を恐れ、これを未然に防ごうとした。しかし、そのような直接的な脅威の底には、このような幸徳の根源的な社会認識が横たわっている。その根本的に創造的であり同時に根本的に現状破壊的な現実認識故に大日本帝国は、罪をでっちあげ彼を殺すほどにまで彼の言葉を恐れたのだ。

ということはつまり、先に見た「共生」と「公私」の論理を用いて同じことをこうも言えるわけだ。すなわち、「公」が必ずしも「共」ではないこと、国家を担う人々も、「公なる権威」という幻想を暴いてしまえば、自由な私家であることを白日の下に晒したのだと。それは直接的な暗殺と同じくらい恐るべき破壊行為だ。

> [今日国家と呼ばれるものは]人類の結合ではなくつて藩閥《皇室と貴族の》の結合であります、軍人の結合であります、金持の結合であります。
> 如此き者が国家と名くるを得ましやうか、若し国家と名くるを得るならば人類全体とは頗る縁の遠い国家と言はなければならぬ、一階級の利益。(同書、一四一頁)

> 今日国家と名けるヘンテコな代物を廃するけれども立派なる理想的の国家、即ち一階級の国家でなくつて人類全体の社会を打建るのが希望である。(同書、一四三頁。強調引用者)

だからこそ、国家は、暗殺ではなく、冤罪という形で、裁判制度の枠に無理矢理当てはめて殺したのだ。つまり、国家の正当性と幸徳の不当性をでっちあげ、民衆に示したのだ。

結局のところ、幸徳秋水が命を懸けて暴いてしまった国体の幻想とは、そのまま国家というまとまりの幻想だったのだ。それは人々の生における、社会に対する国家の従属性、第二義性の暴露だ。エミール・ゾラらとまったく同じなのだ。大逆事件で暴露されたものは、あの「国家の道具性」と同じものだ。個人や一階級、さらにはいわゆる一「民族」にとっての道具ではなく、社会にとっての、すなわち人類の全体にとっての道具としての国家だ。

無論、そのような意味での社会、そのような意味での人類全体など——「民族」や「国民」などと同様に——可感的実体としては存在しない。ここで主張されているのはむしろ、人間という存在の本質的性質、すなわち「人間性」のことだ。しかしそれは決して空想や純粋観念・理念などではない。ゾラが、デュルケームが、荷風が見た、現に生き経験されている人間の自発的な生の様式のことだ。彼らはこれをもって（人間）社会と言うのだ。そして国家とは、そのように解された社会の道具なのだ。

だからこそ、幸徳は管野らの天皇暗殺計画に対して、革命戦略の立場でも政治戦術の立場でもなく、それらに先立つ現実たる生命尊重の立場から、共に生きる人間の立場から反対したのだ。国家と社会の違い。国家の廃止とは、社会への国家の（再）吸収と言ってもよかろう。もはや人間性がそのような道具を必要としなくなるという意味だ。国家は人類史の中の一時的な事象であるということだ。

それは、天皇制打倒の主張ではなく、そうした国家体制が社会の道具であり、取り替え可能なものであること、他でもありうるものであることの主張である。良い国家体制があるのではなく、いかなる国家を組み立てたとしても、所詮道具でしかないということの主張だ。

国家は、その中で人が生きる枠組であり制度であり形式であるが、いかなる国家であれそれは、人が生きる場としての社会の「ありうる唯一の形」ではないのだ。幸徳秋水の社会主義が、そして彼の無政府主義が目指したところは、いわば国家からの社会の解放なのだ。[6]

5　エミール・ゾラ――人間の生の真実を見据える同志

ゾラ追悼

このような根源的社会認識を持っていたからこそ幸徳は、永井荷風と同様に、エミール・ゾラを、真の「国民」としてではなく、いわば「真の社会人」として、自らを重ね合わせつつ絶賛したのだ。一九〇二（明治三五）年一〇月三日、幸徳は『万朝報』上に、そのわずか四日前にパリで死去したエミール・ゾラを追悼する文章「ゾーラを哭す」を公表している。この追悼文はごく短いものではあるが、幸徳によるゾラ評価のエッセンスが明示されているのみならず、幸徳の文章の特徴と彼の人柄がよく表れている。以下に全文を引用しよう。


仏国の文士エミールゾーラ逝く、而も非命にして逝く、真に悼惜す可し。

彼れ一千八百四十年四月、巴里に生る、幼時、孤にして貧也、初め造船所の職工となり、次で書肆の雇人となり、後ち新聞記者となり、備に艱難を甞めて深く世故に通ず、遂に所謂自然小説、写実小説の大家として世界の第一流に伍し、児童走卒も亦其名を知らざるなく、一篇出る毎に洛陽の紙価を貴からしめたり、而して今や逝く、洵とに悼惜すべき也。

然れども彼の悼惜すべき、豈唯だ之を以てならんや、彼は決して其剣よりも鋭なる大筆をもて、徒らに人事の秘蘊を剔抉して以て自ら快とする者に非ざりき、彼が眼底には千行の痛涙あつて、常に社会の欠陥に泣ける也、彼が皮下には万斛の熱血あつて、常に社会の虚偽に激せる也、彼は常に虚偽を排して其真を現ぜんことを欲せりき、欠陥を塡めて其全きを成さんことを求めたりき、彼の漫に醜猥の事を述て時俗に媚び、写実小説の能事畢ると為すの徒が、ゾーラも亦如此しと称ふるが如き、寃も亦甚だしき也。

然れども彼の悼惜す可き、豈唯だ之を以てならんや、彼ドレフユーが仏国陸軍腐敗の犠牲となり、一人の之が為めに救解する者なきに当りて、蹶然起て其寃を鳴し、十万の貔貅《ひきゆう》［軍隊］と戦ふて一代の正論を鼓舞し、身は外国に奔竄するの已むなきに至つて、而も遂にドレフユー再審の目的を達せるのみならず、実に仏国全体を把て非常の醜辱中より救出し得たる者、彼の眇たる一文士ゾーラに非ずや、彼の身を殺して仁を成し生を捨てゝ義を取る底の概ある偉人烈士に非ずんば、曷《いずく》んぞ能く如此くなるを得んや。

然れども彼の悼惜すべき、豈唯だ之を以てのみならんや、彼は決して感情に馳せ血気に任して反らざるの人に非ざりき、彼は社会の虚偽を曝露せり、彼は社会の欠陥を排撃せり、此点に於て彼はニイチエと相似たり、然れども彼の之を救ひ之を成す所以に至つては、彼は全くニイチエと異なり、彼の理想は実に真個平和と人道との実現に在りき、此点に於て彼は亦トルストイと相似たり、然れども平和と人道との実現の方法如何に至つては、彼は亦全くトルストイと異なり、然り彼はニイチエの本能主義に非ず、トルストイの耶蘇教的愛他主義に非ず、実に社会の組織、人類の生活を以て、其基礎を科学の上に置かんとする者なりき、彼は実に純乎たる社会主義者なりし也。

近時彼は「多産」「労働」「真理」「正義」の四小説を著して以て大に其人生観、社会観を公にせんとし、「多産」「労働」の二篇は既に公にせられて、世界の愛読する所也、若し能く他の二篇をして完成せしめば、其平和と人道との為めに貢献すること果して幾何なりしぞや、而も未だ脱稿を見るに及ばずして其訃を聞く、遺憾何ぞ極まらん。

嗚呼彼の大主義大理想を行るに、彼の血性と妙文とを以てす、平和人道の宣伝者として有力なる、方今誰か敢て及ぶ者あらん、而も今や亡し、哀い哉。

吾人之をカーライルに聞く、英国が一個のセークスピアを有するは、印度の宝庫を有するに優れりと、仏国のゾーラを有する亦実に如此くなりき、否な彼は独り仏国の有たるのみならず、実に世界の貴重なる所有物なりき、今や万国の社会は這様の人豪を要する、急にして且つ切なる者あり、而も今や亡し、誰か第二のゾーラたる者ぞ。（「ゾーラを哭す」（『万朝報』明治三五年一〇月三日）、『幸徳秋水全集』第四巻、一三六―一三九頁。強調引用者）

ここで幸徳は、ゾラが「[社会の]虚偽を排して其真を現ぜんことを欲」したことを、ドレフュス事件を典型として「社会の虚偽を曝露」したことを、高く評価している。その際、ニーチェの本能主義ではなく、トルストイのキリスト教的愛他主義でもなく、つまり人間本性論でも宗教的ユートピア思想でもなく、科学的に、すなわち経験的現実に即しての人類の生活たる社会を捉えようとしたことを高く評価し、この意味においてゾラを「純乎たる社会主義者」であったと絶賛する。

ゾラはフランス国家に奉じたわけでも、自らの家族や生地共同体に奉じたわけでもない。既に我々が確認した通り、彼は普遍的な人間性に奉じた。普遍的な人間性の視点からドレフュスの冤罪を告発した。ドレフュスがスパイ行為を働いた証拠はなく、真犯人は他にいるという実証可能な「事実」に基づいて。つまり、人が共に生きる「人間社会」の視点から、フランス国家に対抗したのだ。「祖国(patrie)フランス」は、この地上で人間性を実現する嚆矢として、普遍的人間性の、つまり人間社会の「発祥地(patrie)」として、その限りにおいてのみ、支持されるものであった。

幸徳が大逆事件首謀者の濡れ衣を着せられて処刑されるのは、この追悼文を書き上げたわずか八年後だ。まさしく「生を捨てゝ義を取る」ことになる自身の運命が、「誰か第二のゾーラたる者ぞ」と感嘆する幸徳には、ある種の必然として予見されていたようにさえ感じられる。「獄中から三弁護人宛の陳弁書」に現れている、死刑を予期した幸徳の非常な落ち着きの理由は、あるいはこの時点で既に生まれていたのかとさえ、以後の歴史の展開を知る者としては、感じることを禁じえない。

第4章 永井荷風 Ⅱ——帰朝～大逆事件～太平洋戦争～敗戦

日本と社会

幸徳秋水は、現実の人間の社会性の立場から、国家と対決し、散っていった。いや、結果として彼は、その肉体の死後も続く、いわば社会的永生を得たと言うべきかもしれない。

彼の社会認識は、人間の生の現実を直視しこれに即した世界を全面的に実現させようと企てる、その意味において人間の普遍性の実現に賭けた一つの社会的な思想運動であった。それは、かつてフランスにおいて、エミール・ゾラをはじめとするドレフュス派知識人が文字通り命懸けでおこなった社会運動とその根底において同じものであり、フランスにおけるその成果の日本における展開とでも言いうるものであった。

このいわば社会思想運動は、いずれの地においても「国家によるフレームアップ」という「社会的」事件に対する応答として歴史の中に現れた。しかし、それが社会に与えた影響と意味は、二つの地で同じではない。本章では以下、再び永井荷風と共に、フランスとは異なる、日本における「社会」の有り様を確認しよう。

第一節　帰朝後の永井荷風とその時代
――『断腸亭日乗』より

1　大逆事件の衝撃

国家主義の衝撃、再び

一九一一（明治四四）年のある日、永井荷風は幸徳秋水らを乗せた囚人馬車を偶然目撃し、巨大な衝撃を受けた。その衝撃を記したのが本書冒頭に掲げた文章である。再掲しよう。

明治四十四年慶応義塾に通勤する頃、わたしはその道すがら折々四谷の通で囚人馬車が五六台も引続いて日比谷の裁判所の方へ走つて行くのを見た。わたしはこれまで見聞した世上の事件の中で、この折程云ふに云はれない厭な心持のした事はなかつた。わたしは文学者たる以上この思想問題について黙してゐてはならない。小説家ゾラはドレフユー事件について正義を叫んだ為め国外に亡命したではないか。然しわたしは世の文学者と共に何も言はなかつた。わたしは何となく良心の苦痛に堪へられぬやうな気がした。わたしは自ら文学者たる事について甚しき羞恥を感

じた。(「花火」、『荷風全集』第一四巻、二五六頁。強調引用者)

この文章は、永井荷風の大逆事件体験が端的に示された、印象的な、それ故にまた荷風論者の間ではあまりにもよく知られた一節だ。そしてこの一節は次のように続く。

以来わたしは自分の芸術の品位を江戸作者のなした程度まで引下げるに如くはないと思案した。その頃からわたしは煙草入をさげ浮世絵を集め三味線をひきはじめた。わたしは江戸末代の戯作者や浮世絵師が浦賀へ黒船が来やうが桜田御門で大老が暗殺されやうがそんな事は下民の与り知つた事ではない——否とやかく申すのは却て畏多い事だと、すまして春本や春画をかいてゐた其の瞬間の胸中をば呆れるよりは寧ろ尊敬しやうと思立つたのである。(同頁)

この荷風の大逆事件体験はこれまで、荷風研究および大逆事件研究の中で何度も語られ、またその意味、とりわけ荷風の真意について、「政治的信念の現れ」説から「単なる一時の思いつき」説まで、諸家によるかまびすしい論争を巻き起こしてきた。それはそれぞれに正しいものであり、また実り多い論争だったように思われる。

そんな中にあって、本章では、この事件と荷風の関係を、第2章に引き続いて荷風のフランス受容の視点から、社会思想史の視点から照射してみよう。というのも、荷風自身引き合いに出している通り、この問題は、知識人としての荷風の基点であり基盤を成すエミール・ゾラと、正確にはゾラのドレフュス事件の際の行動と深く関係しているからであり、したがって、このような方向からの検討は、(フランスで歴史的に生み出された)[1]「社会」概念と日本の「社会」的現実との異同を解き明かし、「日本社会」に生きる我々自身の置かれた「社会的」状況の十全な理解に達する、その本質的な契機となりうるからである。

さて、荷風が大逆事件を「思想問題」として捉え、ゾラと自分を比べて恥じていることは上記文章に明らかだ。だが正確に言って、なぜ、何に対して恥じているのか？

本章では以下この問いを念頭に置きつつ、第2章で明らかとなった諸点と共に、帰朝以後の荷風の思想を、日本近代史の進行を追いつつ明らかにしていこう。その結果として、洋行帰りの荷風が語っていた「真の文明の内容」、「社会的共同生活の意義」も一層明らかなものとなるであろう。

2　市井における軍国主義的国家主義の進行

市井の記録

荷風が帰った日本は国家主義が次第次第に台頭する過程にあった。第2章で見た通り、荷風自身も『ふらんす物語』発禁処分という形でそれに直面させられた。

そんな中、大逆事件が起こった。事件それ自体が思想弾圧のための、国家権力による典型的なフレームアップつまり意図された冤罪事件であることは、当時確たる証拠が得られていたわけではないものの、同時代の知識人の間では既に常識となっていた。荷風ももちろんその一人だ。そして彼は、この事件から受けた深い衝撃を八年後に表現した。それが前項の引用文である。

しかし、大逆事件そのものについて荷風はこれ以上詳論していない。したがって、もしこの衝撃の意味を、とりわけ我々の関心事であるその社会思想的意義を捉えようとするならば、第2章で得た知見を前提としつつ、さらに、大逆事件以後の荷風の思想を背景史と共に検討する必要があろう。

そこで以下、一九一七（大正六）年九月一六日から死の前日の一九五九（昭和三四）年四月二九日までほぼ四二年間にわたって書き続けられた彼の日記『断腸亭日乗』――『原敬日記』と並ぶ日本近代史の数少ない生の史料であり、とりわけ市井の様子を生き生きと伝えている貴重な原資料だ――を用いて、その膨大な文章の中に、彼の社会に関する思想、殊に日本社会に関するそれを探ってみよう。

となれば、何はともあれこの時期に、帰朝後の永井荷風が実際に経験し記録した事実を丹念に追う必要があろう。すると以下の通り、この時期の日本が、幸徳の言う帝国主義すなわち軍国主義的な国家主義に突き進んでゆく様子がまざまざと浮かび上がってくるのだ。

関東大震災

日本がいわゆる一五年戦争へと突き進む最初の決定的な一歩は満州事変（一九三一（昭和六）年九月一八日）であるとされる。しかし、荷風の記録によればそれ以前から既に世は荒れ始めていたようだ。

新聞紙連日支那人排日運動の事を報ず。要するに吾政府薩長人武断政治の致す所なり。国家主義の弊害卻て国威を失墜せしめ遂に邦家を危くするに至らずむば幸なり。(「断腸亭日乗」一九一九(大正八)年五月二五日、『荷風全集』第二一巻、七一頁)

そんな中、一九二三(大正一二)年九月一日、関東大震災が発生し、世の荒廃に拍車をかける。

日将に午ならむとする時天地忽鳴動す。予書架の下に坐し嚶鳴館遺草を読みゐたりしが、架上の書帙頭上に落来るに驚き、立つて窗を開く。門外塵烟濛々殆咫尺を弁せず。児女雞犬の声頻なり。塵烟は門外人家の瓦の雨下したるが為なり。予も亦徐に逃走の準備をなす。時に大地再び震動す。書巻を手にせしまゝ表の戸を排いて庭に出でたり。数分間にしてまた震動す。身体の動揺さながら船上に立つが如し。門に倚りておそる〳〵吾家を顧るに、屋瓦少しく滑りしのみにて窗の扉も落ちず。稍安堵の思をなす。昼餉をなさむとて表通なる山形ホテルに至る[…]。食後家に帰りしが震動歇まざるを以て内に入ること能はず。庭上に坐して唯戦々兢々たるのみ。[…]ホテルにて夕餉をなし、愛宕山に登り市中の火を観望す。十時過江戸見阪を上り家に帰らむとするに、赤阪溜池の火は既に葵橋に及べり。(「断腸亭日乗」一九二三(大正一二)年九月一日、『荷風全集』第二一巻、二三七―二三八頁)

銀座に出で烏森を過ぎ、愛宕下より江戸見阪を登る。阪上に立つて来路を顧れば一望唯渺々たる焦土にして、房総の山影遮るものなければ近く手に取るが如し。帝都荒廃の光景哀れといふも愚なり。されどつら〳〵明治以降大正現代の帝都を見れば、所謂山師の玄関に異ならず。愚民を欺くいかさま物に過ぎざれば、灰燼になりしとてさして惜しむには及ばず。近年世間一般奢侈驕慢、貪欲飽くことを知らざりし有様を顧れば、この度の災禍は実に天罰なりと謂ふ可し。何ぞ深く悲しむに及ばむや。民は既に家を失ひ国帑《こくど》亦空しからむとす。外観をのみ修飾して百年の計をなざ［ママ］ゝる国家の末路は即此の如し。自業自得天罰覿面といふべきのみ。（「断腸亭日乗」一九二三（大正一二）年一〇月三日、『荷風全集』第二一巻、二四五頁）

そして、

震災後わが現代の社会を見るに其の表面のみ纔《わずか》に小康を保つに過き［ママ］ず、政府の威信は政党政治のために全く地に堕ち、公明正大の言論は曾て行はれたることなく暴行常に勝利を博するなり、当今の世は幕府瓦解の時代と殆異るところなきが如し（「断腸亭日乗」一九二八（昭和三）年四月一〇日、『荷風全集』第二二巻、一五九頁）

車にて丸の内を過るに青年団の行列内幸町辺より馬場先門までつゞきたり、先達らしき男或は日本魂或は忠君愛国など書きたる布片を襷がけになしたり、是日紀元節なれば二重橋外に練り出して宮城を拝するものなるべし、近年此の種類の示威運動大に流行す、外見は国家主義旺盛を極るが如くに思はるゝ［ママ］なれど実は卻て邦家の基礎日に〳〵危くなれることを示すものなるべし、何事に限らず外見を飾りて殊更気勢を張るやうになりては事は既に末なり、然れども今の世に身を処するには何事に限らず忠君愛国を唱へ置くに如かず、梅毒治療剤の広告にも愛国の文字は大書せら［ママ］たり（「断腸亭日乗」一九二九（昭和四）年二月一一日、『荷風全集』第二二巻、二四八―二四九頁）

満州事変

この社会的荒廃を背景にして、一九三一（昭和六）年九月一八日、ついに満州事変が勃発する。

号外売屡門外を走り過ぐ、満洲の戦報なるべし（「断腸亭日乗」一九三一（昭和六）年九月二二日、『荷風全集』第二二巻、四二二頁）

この後、日本の軍国主義的国家主義は急速に進む。

酒肆太訝に一酌す、数名の壮士あり卓を囲んで大声に時事を論ず、窃にきくに、頃日陸軍将校の一団首相若槻某を脅迫し、ナポレオンの顰《ひそみ》に倣ひクーデタを断行せむとして果さず、来春紀元節を期して再挙を謀ると云ふ、今秋満洲事変起りて以来此の如き不穏の風説到処に盛なり（「断腸亭日乗」一九三一（昭和六）年一一月一〇日、『荷風全集』第二二巻、四三五頁。強調引用者）

早朝より花火の響きこえ、ラデオの唱歌騒然たるは紀元節なればなるべし、〔以下十二行半抹消、二行半切取。以下行間補〕[2]去秋満洲事変起りてより世間の風潮再び軍国主義の臭味を帯ぶること益〻甚しくなれるが如し道路の言を聞くに去秋満蒙事件世界の問題となりし時東京朝日新聞社の報道に関して先鞭を日々新聞につけられしを憤り営業上の対抗策として軍国主義の皷吹には甚冷淡なる態度を示しゐたりし処陸軍省にては大に之を悪み全国在郷軍人に命じて朝日新聞の購読を禁止し又資本家と相謀り暗に同社の財源をおびやかしたり之がため同社は陸軍部内の有力者を星ケ岡の旗亭に招飲して謝罪をなし出征軍人慰問義捐金として金拾万円を寄附し翌日より記事を一変して軍閥謳歌をなすに至りし事ありしと云この事若し真なりとせば言論の自由は存在せざるなり且又陸軍省の行動は正に脅嚇取財の罪を犯すものと謂ふ可し（「断腸亭日乗」一九三二（昭和七）年二月一一日、『荷風全集』第二二巻、四六九―四七〇頁）

五・一五事件と二・二六事件

そして、満州事変のわずか八ヵ月後には、犬養毅首相が軍士官に暗殺される事件が起こった。いわゆる五・一五事件である。

日曜日なれば街上の賑ひ一層盛なる折から号外売の声俄に聞出しぬ。五時半頃陸海軍の士官五六名首相官邸に乱入し犬養を射殺せしと云ふ。警視庁及政友会本部にも同刻に軍人乱入したる由。

初更の頃家に帰るに市兵衛町表通横町の角々に巡査刑事二三名づゝ佇立み、東久邇宮邸門前には七八名立ち居たり。如何なるわけあるにや。近年頻に暗殺の行はるゝこと維新前後の時に劣らず。(『断腸亭日乗』一九三二(昭和七)年五月一五日、『荷風全集』第二二巻、五二四頁)

さらに四年後には、とうとう二・二六事件が、すなわち軍事クーデタが勃発するまでの事態に至ったのだ。

〔此間約四字抹消。以下行間補〕軍人〔以上補〕警視庁を襲ひ同時に朝日新聞社日ゝ新聞社等を襲撃したり。各省大臣官舎及三井邸宅等には兵士出動して護衛をなす。ラヂオの放送も中止せらるべしと報ず。〔…〕九時頃新聞号外出づ。岡田斎藤殺され高橋重傷鈴木侍従長又重傷せし由。(『断腸亭日乗』一九三六(昭和一一)年二月二六日、『荷風全集』第二三巻、三九四―三九五頁)

3　太平洋戦争突入、そして敗戦

対米戦争へ

同時期、文学者荷風の身近にも、もちろん国家主義は忍び寄る。

今春丸善書店に注文したる洋書悉く輸入不許可の趣丸善より通知あり。戦禍憂ふべきなり。(「断腸亭日乗」一九三八(昭和一三)年四月三日、『荷風全集』第二四巻、一五〇―一五一頁)

〔以下七行弱切取。以下欄外補〕一月十三日晴、旅順要塞司令部より旅順占領三十年祭につき詩歌を揮毫し郵送すべしとの書状来る軍人間に余が名を知られたるは恐るべく厭ふべきの限りなりいよく筆を焚くべき時は来れり〔以上補〕(「断腸亭日乗」一九四〇(昭和一五)年一月一三日、『荷風全集』第二四巻、三四一頁)

市井の状況はますます悪化する。

虎の門其他の辻ゝに愛国心煽動の貼札また更に二三種加はりたり。(「断腸亭日乗」一九三八(昭和一三)年一〇月八日、『荷風全集』第二四巻、二〇九頁)

オペラ館は来週戦争物を演ずる由、そのため憲兵隊より平服の憲兵一人来り稽古を検分す。其筋の干渉ますく苛酷となりたるを知るべし。(「断腸亭日乗」一九三九(昭和一四)年七月二日、『荷風全集』第二四巻、二八七頁)

世の噂によれば日本は独逸伊太利両国と盟約を結びしと云ふ。〔此間三行弱切取。以下欄外補〕愛国者は常に言へり日本には世界無類の日本精神なるものあり外国の真似をするに及ばずと然るに自ら辞を低くし腰を屈して侵畧不仁の国と盟約をなす国家の恥辱之より大なるは無し（「断腸亭日乗」一九四〇（昭和一五）年九月二八日、『荷風全集』第二四巻、四一二―四一三頁）

日米開戦の噂しきりなり。新聞紙上の雑説殊に陸軍情報局とやらの暴論の如き馬鹿〳〵しくて読むに堪え《［ママ］》ず。（「断腸亭日乗」一九四一（昭和一六）年九月三日、『荷風全集』第二四巻、五五五頁）

街頭の集会広告にこの頃は新に殉国精神なる文字を用出したり。愛国だの御奉公だの御国のためなぞでは一向きゝ目なかりし故ならん歟。人民悉く殉死せば残るものは老人と女のみとなるべし。呵〻。（「断腸亭日乗」一九四一（昭和一六）年九月七日、『荷風全集』第二四巻、五五七頁）

開戦～戦況悪化～敗戦

そしてついに、太平洋戦争勃発。

日米開戦の号外出づ。帰途銀座食堂にて食事中灯火管制となる。街頭商店の灯は追〻に消え行きしが電車自動車は灯を消さず、省線は如何にや。余が乗りたる電車乗客雑沓せるが中に黄いろい声を張上げて演舌をなすものあり。（「断腸亭日乗」一九四一（昭和一六）年一二月八日、『荷風全集』第二四巻、五九二頁）

開戦布告と共に街上電車其他到処に掲示せられし広告文を見るに、屠れ英米我等の敵だ進め一億火の玉だとあり。〔…〕現代人のつくる広告文には鉄だ力だ国力だ何だかだとダの字にて調子を取るくせあり。寔《まこと》に是駄句駄字と謂ふ可し。（「断腸亭日乗」一九四一（昭和一六）年一二月一二日、『荷風全集』第二四巻、五九三頁）

しかし戦況は次第に悪化。

上野動物園の猛獣はこの程毒殺せられたり。帝都修羅の巷となるべきことを予期せしが為なりと云。夕刊紙に伊太利亜政府無条件にて英米軍に降伏せし事を載す。秘密にしては居られぬ為なるべし。（「断腸亭日乗」一九四三（昭和一八）年九月九日、『荷風全集』第二五巻、一四七頁）

来十月中には米国飛行機必来襲すべしとの風説あり。上野両国の停車場は両三日この方避難の人達にて俄に雑遝《ざつとう》し初めたりと云。（「断腸亭日乗」一九四三（昭和一八）年九月二八日、『荷風全集』第二五巻、一五四頁）

噂通り東京にも空襲が始まり、住み慣れた自宅「偏奇館」も、蔵書と共に焼失。

夜半空襲あり、翌暁四時わが偏奇館焼亡す［…］余は枕元の窓火光を受けてあかるくなり鄰人の叫ぶ声のたゞならぬに驚き日誌及草稿を入れたる手革包を提げて庭に出でたり、谷町辺にも火の手の上るを見る、又遠く北方の空にも火光の反映するあり、火星は烈風に舞ひ紛〻として庭上に落つ、余は四方を顧望し到底禍を免るゝこと能はざるべきを思ひ［…］（「断腸亭日乗」一九四五（昭和二〇）年三月九日、『荷風全集』第二五巻、三〇六頁）

嗚呼余は着のみ着のまゝ家も蔵書もなき身とはなれるなり、余は偏奇館に隠棲し文筆に親しみしこと数れば二十六年の久しきに及べるなり（「断腸亭日乗」一九四五（昭和二〇）年三月一〇日、『荷風全集』第二五巻、三〇八頁）

そして、ついに敗戦。

今日正午ラヂオの放送、日米戦争突然停止せし由を公表したりと言ふ（「断腸亭日乗」一九四五（昭和二〇）年八月一五日、『荷風全集』第二五巻、三五六頁）

食料いよ〳〵欠乏するが如し［…］されど今は空襲警報をきかざる事を以て最大の幸福となす（「断腸亭日乗」一九四五（昭和二〇）年八月一八日、『荷風全集』第二五巻、三五六頁）

第二節　社会と人間——永井荷風の社会思想

1　キリスト教、弱者、民衆、ヒューマニズム

国家主義、軍国主義の醜悪

かように台頭し猛威をふるった日本国家・軍国主義の渦中にあって、荷風はこれを「摸倣ナチス政治」(「断腸亭日乗」一九四一(昭和一六)年七月一八日、『荷風全集』第二四巻、五三九頁)とさえ呼び、蛇蝎《だかつ》のごとく嫌い、揶揄し、また正面から批判した。

此夕銀座通平日よりも賑にて、三田の学生断髪の女子を伴ひ酔歩するもの尠《すくな》からず。是陸軍紀念祭の当日なるが故なりと云ふ。近年種々なる祭日増加したれば殆記憶するに遑《いとま》あらず。二月十一日は紀元節の外更に建国祭と称するもの出来たるが如き其一例なり。此等の新祭日はいづれも殊更に国家の権威を人民に示さんがために挙行せらるゝやの嫌あり。我国家の何たるかは今更祭日を増加してこれを示すにも及ばざるべし。若し時勢に応じて之をなすものならんか、是さながら月刊雑誌の折々表紙の絵を変じて人目をひくに異らず、数十年の後には三百六十五日悉く祭日となさゞるべからざるに至るべし。(「断腸亭日乗」一九三二(昭和七)年三月一〇日、『荷風全集』第

二二巻、四八一頁。強調引用者）

或人のはなしをきくに日本軍は既に仏領印度と蘭領印度の二個所に侵入せり。この度の動員は蓋しこれが為なりと。此の風説果して事実なりとすれば日軍の為す所は欧洲の戦乱に乗じたる火事場泥棒に異らず。人の弱味につけ込んで私欲を逞しくするものにして仁愛の心全く無きものなり。斯くの如き無慈悲の行動は軈て日本国内の各個人の性行に影響を及すこと尠からざるべし。暗に強盗をよしと教るが如く〔ママ〕ものなればなり。（「断腸亭日乗」一九四一（昭和一六）年七月二五日、『荷風全集』第二四巻、五四二頁。強調引用者）

歌舞伎座にて真景累ケ淵も過日禁止となりしが其理由は人の殺されて後化けて出るは迷信にて、国策に反するものと言ふに在る由なり。芸術上の論は姑《しばら》く置きて、人心より迷信を一掃するは不可能の事なり。近年軍人政府の為す所を見るに事の大小に関せず愚劣野卑にして国家的品位を保つもの殆無し。歴史ありて以来時として種〻野蛮なる国家の存在せしことありしかど、現代日本の如き低劣滑稽なる政治の行はれしことは未曾て一たびも其例なかりしなり。此くの如き国家と政府の行末はいかになるべきにや。（「断腸亭日乗」一九四三（昭和一八）年六月二五日、『荷風全集』第二五巻、一二四頁。強調引用者）

今秋国民兵召集以来軍人専制政治の害毒いよ〱社会の各方面に波及するに至れり。親は四十四五才にて祖先伝来の家業を失ひて職工となり、其子は十六七才より学業をすて職工より兵卒となりて戦地に死し、母は食物なく幼児の養育に苦しむ。国を挙げて各人皆重税の負担に堪えざらむとす。今は勝敗を問はず唯一日も早く戦争の終了をまつのみなり。然れども余窃に思ふに戦争終局を告ぐるに至る時は政治は今より猶甚しく横暴残忍となるべし。今日の軍人政府の為すところは秦の始皇の政治に似たり。国内の文学芸術の撲滅をなしたる後は必ず劇場閉鎖を断行し債券を焼き私有財産の取上げをなさでは止まさる《ママ》べし。斯くして日本の国家は滅亡するなるべし。（『断腸亭日乗』一九四三（昭和一八）年一二月三一日、『荷風全集』第二五巻、一八八—一八九頁。強調引用者）

キリスト教の衰退

こうした日本国家軍国主義の害悪の中でも、とりわけ「キリスト教の衰退」を荷風は苦々しさと共に記している。

其頃［関東大震災の頃］にはこの宗旨［キリスト教］も猶今日の如く衰微せず、救世軍の如きは太鼓叩き讃美歌うたひて大通を練り行きたり。昭和五年［正しくは昭和六年］満洲戦争起りてより世の有様は一変し、街上にて基督教を説く者殆跡を断ちたり。此夜図らず十年前見知りたる牧師に遇ひ何となく気の毒なる心地せしがまま顔見られぬ中に行過ぎぬ。（『断腸亭日乗』一九三五（昭和一〇）年七月二四日、『荷風全集』第二三巻、二九九頁）

数日前より毎日台所にて正午南京米の煮ゆる間仏蘭西訳の聖書を読むことにしたり。［…］余は老後基督教を信ぜんとするものにあらず。信ぜむと欲するも恐らくは不可能なるべし。されど去年来余は軍人政府の圧迫いよ〳〵甚しくなるにつけ精神上の苦悩に堪えず、遂に何等か慰安の道を求めざるべからざるに至りしなり。耶蘇教は強者の迫害に対する弱者の勝利を語るものなり。この教は兵を用いずして欧洲全土の民を信服せしめたり。現代日本人が支那大陸及南洋諸嶋を侵畧せしものとは全く其趣を異にするなり。聖書の教るところ果して能く余が苦悩を慰め得るや否や。他日に待つ可し。（「断腸亭日乗」一九四三（昭和一八）年一〇月一二日、『荷風全集』第二五巻、一五九―一六〇頁。強調引用者）

昭和天皇－マッカーサー会見

かようにして、自身静かに親しんで育ったキリスト教を軍国主義に苦しむ弱者たる一般民衆の側に引き寄せ、また「個人主義」たる社会的ヒューマニズムの起源をキリスト教に見たゾラやデュルケーム同様にこれを（兵力によってではなく）思想によって普遍性を（ヨーロッパ）世界にあまねくもたらしたものとみなしたからこそ荷風は、連合国軍すなわち占領軍の最高司令官ダグラス・マッカーサーと昭和天皇の歴史的な会見に対して、次の思いを吐露したのだ。

昨朝天皇陛下モーニングコートを着侍従数人を従へ目立たぬ自動車にて、赤坂霊南坂下米軍の本営に至りマカサ元帥に会見せられしといふ事なり、戦敗国の運命も天子蒙塵の悲報をきくに至つては其悲惨も亦極れりと謂ふ可し［…］我等は今日まで夢にだに日本の天子が米国の陣営に微行して和を請ひ罪を謝するが如き事のあり得べきを知らざりしなり、此を思へば幕府滅亡の際、将軍徳川慶喜の取り得たる態度は今日の陛下よりも遥に名誉ありしものならずや［…］余は別に世の所謂愛国者と云ふ者にもあらず、また英米崇拝者にもあらず、唯虐げらるゝ者を見て悲しむものなり、強者を抑へ弱者を救けたき心を禁ずること能ざるものたるに過ぎざるのみ、これこゝに無用の贅言を記して、穂先の切れたる筆の更に一層かきにくくなるを顧ざる所以なりとす（「断腸亭日乗」一九四五（昭和二〇）年九月二八日、『荷風全集』第二五巻、三七六―三七七頁。強調引用者）

もはや、天皇さえも、弱者とされるのだ。そして一人の人間として同情・共鳴の対象となったのだ。ゾラの自然主義に端を発した荷風の世俗世界に人間の本質を求める眼差しは、場末への眼差しは、弱者に対する眼差しは、つまり共に生きる人間の生の現実に対する、要するに人間社会に対する眼差しは、フランスなるものの摂取を経て、帰朝後の社会的現実とその歴史に対する考察を経て、そして大逆事件の衝撃と太平洋戦争体験を経て、その敗戦に至って、かつて「個人主義」なる普遍的人間の思想を準備したキリスト教を背景として、一つの頂点に達した。ついに、天皇本人さえも、その国家元首としての政治的あり方を越えて、明治憲法下で神聖不可侵だった天皇の聖性を越えて、「英米」や「日本」といった「国というカテゴリー」を越えて、「昭和天皇の人間宣言」（一九四六（昭和二二）年一月一日）以前に、そうした政治的で超越的なあり方のまさに根底に、世俗的な社会的人間としての存在性を見据えるに至ったのだ。これをヒューマニズムと呼ばずして何と呼ぼうか。[3]
それは超越的なものではない。まさしく人間たちの共に生きる悲惨な社会的現実の中にこそ、人間の普遍性を見出したのだ。ここはもちろん、幸徳の社会主義が日本の国体について捻れながら辿り着いたその同じ地点だ。そしてそれはもはや言うまでもなく、若き日に摂取したゾライズムの、荷風における完成である。

弱者たるありのままの人間性と自由

思い返せば満州事変の頃既に、荷風は次の通り書き記していたのだ。

弱肉は畢竟強者の食たるに過きず［ママ］。国家は国家として悪をなさざれば立つこと難く一個人は一個人として罪悪をなさゞれば生存する事能はざるなり。之を思へば人生は悲しむべきものなり。然れどもつらく〵天地間の物象を観るに弱者の肉必しも強者の食ならず。［…］深山幽谷には鷹あり鷲あれども燕雀は猶能く嬉戯する事を得るなり。都会の喧騒に馴れ電線に群棲し人家の残飯に腹を満すは雀の能くする所にして猛鳥の学ぶ事能はざる所なり。猛鳥にして一たび深山を出でゝ［ママ］人里に来らば忽餌なきに至るべく燕雀は人家の軒に潜んで始て安全なる事を得るなり。天地間の生物は各其処を得て始めて安泰なり。弱肉必しも強者の食ならず。（「断腸亭日乗」一九三二（昭和七）年一〇月三日、『荷風全集』第二二巻、五六三頁。強調引用者）

若き日に「わがフランス」から学んだ、人間の、民衆の、弱者の現実の生活への認識。強者に対抗するばかりでなく、いわば権力から離れ「ありのままの人間」として生きることへの共鳴……。

しかしそれは、権力からの逃避ではない。生の現実からの「逃げ」ではない。むしろ、そうした困難に正面から抵抗できない弱者たる人間の、生を賭したぎりぎりの抵抗なのではないか。そして、自らが対抗権力となり新たな抑圧の源となることなく、困難な人間的生の現実の中で可能な自由をそれでも守ろうとする一種したたかな戦略であり、人間としての荷風の心の叫びなのではなかろうか。

だからこそ彼は言うのだ。

> 去年の秋ごろより軍人政府の専横一層甚しく〔…〕。〔にもかかわらず〕心の自由空想の自由のみはいかに暴悪なる政府の権力とても之を束縛すること能はず。人の命のあるかぎり自由は滅びざるなり。（「断腸亭日乗」一九四一（昭和一六）年一月一日、『荷風全集』第二四巻、四七三頁。強調引用者）

繰り返すがこれは逃避ではない。暴走する国家システムから撤退し、社会の確立に尽力することだ。ここを明確に区別しないと、「非国民」を自認し罪悪感さえ抱いてしまうことになる。国家からの撤退は社会からの、つまり他者からの撤退とはまったく違うことなのだ。「非国民」と「非社会人」は質的に異なるのだ。

であるから、このような荷風の一種哀れな姿はむしろ、弱者なりの、現実の人間なりの、人間性を失わずに可能なぎりぎりの、生を脅かす権力に対する「人間的な」抵抗なのだ。そのような形での他人との積極的な関わり方であり、「社会的責任」の果たし方なのだ。

荷風のこのような態度を通説は反軍国主義・弱者への共感と評価する。しかしその評価は的確とは言えないだろう。この態度はむしろ積極的な人間性の希求であり、人間性を殺すものに対する抵抗である。荷風がいわゆる弱者に目を向けるのは、それが端的に「弱い」からではない。それが人間の生の、人間の社会的生の、赤裸々な姿だからである。そして荷風が軍国主義、権力を嫌うのは、それが人間性に対する抑圧であると同時に、(人の生の)偽物でしかないからなのだ。

2　日本の現実──荷風の絶望

殺しを喜ぶ日本国民

ところが、である。荷風の眼前の日本の民衆の姿は、そのような「人間的な」ものではまるでなかったのだ。

露店の玩具屋は軍人まがひの服装をなし、軍人の人形をはじめ飛行機戦車水雷艇の如き兵器の玩具を売る。蓄音機販売店にては去年来軍歌を奏すること毎夜の如し。今に至るも人猶飽かずして之を聴く。余つらく往時を追憶するに、日清戦争以来大抵十年毎に戦争あり。即明治三十三年の義和団事変、明治卅七八年の征露戦争、大正九年の尼港事変の後は此度の満洲上海の戦争なり。而して此度の戦争の人気を呼び集めたることは征露の役よりも却て盛なるが如し。軍隊の凱旋を迎る有様などは宛然祭礼の賑に異らず。今や日本全国挙つて戦捷の光栄に酔へるが如し。世の風説をきくに日本の陸軍は満洲より進んで蒙古までをわが物となし露西亜を威圧する計畧なりと云ふ。武力を張りて其極度に達したる暁独逸帝国の覆轍を践まざれば幸なるべし。(「断腸亭日乗」一九三二(昭和七)年四月九日、『荷風全集』第二二巻、五〇〇―五〇一頁。強調引用者)

余この頃東京住民の生活を見るに、彼等は其生活について相応に満足と喜悦とを覚ゆるものゝ如く、軍国政治に対しても更に不安を抱かず、戦争についても更に恐怖せず、寧これを喜べるが如き状況なり。(「断腸亭日乗」一九三七(昭和一二)年八月二四日、『荷風全集』第二四巻、八四頁。強調引用者)

かように、荷風の見た日本人は、むしろ自由の喪失を喜び、生命の破壊を喜んでいたのだ。

日本国民の無気力と従順

実際には、国家による人間に対する圧迫は着実に進行していた。

この日夕刊紙上に全国ダンシングホール明春四月限閉止の令出づ。目下踊子全国にて弐千余人ありと云ふ。この次はカフヱー禁止そのまた次は小説禁止の令出づるなるべし。可恐〻〻（『断腸亭日乗』一九三七（昭和一二）年一二月二九日、『荷風全集』第二四巻、一二三頁）

事実、八年前から既に、

今秋内閣更迭以来官吏会社員の月俸は減少し禁奢の訓令普達せられしのみならず、酒肆舞蹈場の取締厳格となりしため銀座始め市内の酒舗はいづれも景況落寞たり、本年は揃ひの衣裳もつくらぬ由なり、昭和現代の世はさながら天保新政の江戸を見るが如く官権万能にして人民の柔順なること驚くに堪えたり（『断腸亭日乗』一九二九（昭和四）年一〇月一八日、『荷風全集』第二二巻、二九七頁。強調引用者）

さらに衣裳どころか精白米を禁じられてさえ、なお、

皆黙〻としてこれ〔半搗米〕を食ひ毫も不平不満の色をなさず。〔以下十三行半切取、一行抹消。以下欄外補〕国民の柔順にして無気力なること寧驚くべし畢竟二月廿六日軍人暴動の効果なるべし〔以上補〕（『断腸亭日乗』一九三九（昭和一四）年一二月二日、『荷風全集』第二四巻、三二八頁。強調引用者）

郵便受付箱に新年の賀状一枚もなきは法令の為なるべし。人民の従順驚くべく悲しむべし。（「断腸亭日乗」一九四二（昭和一七）年一月一日、『荷風全集』第二五巻、五頁。強調引用者）

凡そこの度開戦以来現代民衆の心情ほど解しがたきものはなし。多年従事せし職業を奪はれて職工に徴集せらるゝもさして悲しまず。空襲近しと言はれても亦驚き騒か［ママ］ず。何事の起り来るとも唯その成りゆきに任かせて寸毫の感激をも催すことなし。彼等は唯電車の乗降りに必死となりて先を争ふのみ。是現代一般の世情なるべく全く不可解の状態なり。（「断腸亭日乗」一九四四（昭和一九）年三月二四日、『荷風全集』第二五巻、二〇九頁。強調引用者）

「個人の覚醒」

このような日本の国民の実態は、昭和のこの頃突然に始まったものではない。実際、大逆事件後一〇年近く経った大正の時点でも、

一目に見下す路地裏のむさくろしさ、いつもながら日本人の生活、何等の秩序もなく懶惰不潔なることを知らしむ。世人は頻に日本現代の生活の危機に瀕する事を力説すれども、此の如き実況を窺見れば、市民の生活は依然として何のしだらもなく唯醜陋なるに過ぎず個人の覚醒せざる事は封建時代のむかしと異るところなきが如し。（「断腸亭日乗」一九一九（大正八）年七月二〇日、

『荷風全集』第二一巻、七六頁。強調引用者）

またそのさらに一七年後でもまだ、

> 余は昭和六七年来の世情を見て基督教の文明と儒教[4]の文明との相違を知ることを得たり。［…］日本現代の禍根は政党の腐敗と軍人の過激思想と国民の自覚なき事の三事なり。政党の腐敗も軍人の暴行も之を要するに一般国民の自覚に乏しきに起因するなり。個人の覚醒ざさ〔ママ〕るがために起ることとなり。然り而して個人の覚醒は将来に於てもこれは到底望むべからざる事なるべし。〔以下六行抹消〕（「断腸亭日乗」一九三六（昭和一一）年二月一四日、『荷風全集』第二三巻、三八七頁。強調引用者）

要するに、ずっと以前から「日本国民を構成する存在が個人であることに目覚めていない」という事実を荷風は執拗に指摘しているのだ。つまりは、「日本国民は自分が人間であることに目覚めていない」のだ。

結論　日本「社会」

1 荷風の恥辱

個人とは、エゴのことではなく、国民としての各人のことでもない。荷風がフランスから学んだ普遍的な人間性としての個人のことだ。それは共に生きるという意味での社会性のことであり、個人の覚醒とはその自覚のことだ。個人の覚醒とは決して利己的利益の把握のことではなく、自らと他者の社会的人間性を各人が了解することだ。互いに同じ人間であることを、国家の水準ではなく社会の水準で、国民統合ではなく共生の水準で了解することだ。

なのに日本国民は、まどろんだまま、従順に、自由も自立もなく、「封建時代のむかしと異るところなき」生を営んでいた。つまり、日本国民は、国民ではあっても個人ではなく、この意味において日本に「人間社会」はなかったのだ。日本にあったのは「日本国」だけだったのだ。日本に人間はいなかった。少なくとも認められていなかった。日本で認められていたのは「国民」だけだった。日本人と日本国民は区別されていなかった。区別のしようがなかった。

この現実を荷風は「個人の覚醒（がない）」と表現したのだ。つまり、自分が人間社会を構成する意志的行為者であること（＝個人であること）に対する気付き、この事実に対する自覚的認識が、日本にはなかったのだ。

荷風の言う「社会的共同生活の意義」とは、この意味において互いに個人であること、つまり互いに人間であると意志によって認め行為・実践することだ。そのように生きることだ。それこそが我々が本書冒頭で問うた「永井荷風の『社会』性」だ。そしてそこで生きられる内容こそ荷風が「真の文明の内容」と呼んだものだ。それはゾラの言う「文明の努力」だ。そう、それは「努力」なのだ、我々が互いに人間であろうとすることは。我々が社会を成すということは。

　にもかかわらず荷風は、社会的人間性のために努力し懸命に生きたゾラとは異なり、これを実践しなかった。そのように生きなかった。それができる立場であったにもかかわらず。それが彼の芸術、彼の生命であったにもかかわらず。

　それは単に専制国家に反逆するかどうかという水準の問題ではない。相手が国家であろうがなかろうが、自由な人間性がつまり人間の社会性が明確に侵害されたとき、それに抵抗しなかった。つまり人間として生きなかった。親から受け継いだ莫大な富を有し、文豪としての名声も確立し、つまり庶民よりもずっと容易に世に訴え人間として生きることができる立場であったにもかかわらず。敬愛するエミール・ゾラは新聞紙上で、さらには自らを被告とする裁判さえ起こさせて、広く社会に訴えたにもかかわらず。そのようにして人間として生きたにもかかわらず。囚人馬車を目撃した荷風が深く恥じたのは、この事実、この現実に対してなのだ。

　ここに、荷風の深い絶望がある。大逆事件の絶望が。荷風は国家に負けたと言うよりも、自分自身に負けたのだ。それまでの自分の言説を、人間の現実の生たる自分自身の芸術を裏切ったのだ。人間の社会的普遍性の起源であるキリスト教[1]を生い立ちに持ち、ゾラを通じて写実的自然主義を摂取し、さらに自らの直接体験としてフランスを受容した荷風は、日本のこの欺瞞を堪え難く感じつつ、しかし覚醒した個人として、人間社会の一員として、生きられなかったのだ。
文学者として、これは「自殺」だ。だからこそ、この後彼は身を恥じ、江戸の戯作者の立場に身をやつすことになる。つまり「偽物」となる。これ以前の、真の荷風、フランスに学んだ荷風はここで死んだのだ[2]。

では、なぜ荷風は死んだのか？ 我々現代日本人は心情的感覚的にそれを理解できてしまうのではないか？ 「一人抵抗してもどうせ変わらないだろうし……」、「他人のためにわざわざ面倒を起こさなくても……」、「国に逆らうなんて大それたことは私なんかにはとてもとても……そもそも冤罪じゃ無いかもしれないし……」などといった卑屈な理由付けが、反射的に頭に浮かんでくるのではないか？

しかし、もしそうだとすれば、それはつまり大逆事件後一〇〇年をとうに越える歳月が経った今日でさえ我々は同じ地点にいるということではないのか？ 我々が永井荷風の「自殺の理由」を心情的に易々と理解できてしまうという事実は、幸徳秋水らの犠牲にもかかわらず、人間的意志的行為の不在が現代に生きる我々にまでも引き継がれてしまっていることを示しているのではないか？

2　国家、共同体、社会

同じことを、より理論的に、厳密に考えてみよう。

これまで繰り返し強調してきた通り、国（国家）とは本来的には組織であり制度、システムだ。つまりそれは知的・理性的な「構築物」であり「知」に支えられている（無論構築の上手下手はあるにせよ）。それはドレフュス事件に際して社会学者デュルケームが端的に言っていた通りだ。

> 最近、国家の安泰にとって不可欠だとすべての人が認めている公的行政の機能に支障をきたさないため、この［個人主義的］原理の一時的な隠蔽に同意すべきではないかとの疑問が提起された。［…］［しかし］公的生活の機関はそれがいかに重要であれ、一つの道具に過ぎず、目的のための手段でしかない。もし目的から離れれば、どんなに注意深く手段を維持しても何の役に立とう。生きるために、生の価値と尊厳を成しているものすべてを放棄するとは、なんと悲しい打算であろう。
> 　生きるために、その理由を失うとは！（Durkheim 1898, pp. 274-275／二一六―二一七頁。強調原著者）

制度とは、別言すればルールだ。それは現実（内容）そのものではなく、むしろ現実に押し当てられ現実を規制しようとする「形式」だ。それは現実を切り取るという意味で現実に先行するもの、現実に先立つものだ。制度たるものに現実性や具体性、すなわち内容がないのはこのためだ。それは「生の外枠」だ。

　だから、国家においては、各人は匿名的なのだ。人はそこでは「国民」という形式的な資格としてのみ現れる。そこでは各人はいわばそれぞれの機能を果たす部品であり、交換可能な存在だ。そこでは人格やその唯一性（ユニークネス）は考慮されない。ドレフュスがそうであったように。

これと異なって、家族や地域に代表される共同体は、先に述べた通り情的なものだ。それは構成員の「情」に支えられている。その情は喜ばしいものとは限らない。哀れみに基づく相互扶助的共同体もあれば憎しみに基づく排外的共同体もある。しかしいずれも情的であるところの「執着」なのだ。そしてその構成員は、人格的だ。つまり、各人は各人に対して「顔見知り」だ。共同体は「直接経験として与えられた一つの場」なのだから。このような共同体の存立基盤は、国家によるものとは別種の強い拘束をもたらす。皆互いに誰であるかを知っているのだから。と同時に、その集団の成員は「直接の知り合い」であるが故に、それほど大人数の集団は形成できない。まして全人類が一つの共同体であることなどありえない。

共同体とは、端的に言って、人間の「生の条件」だ。それは、それが生に与えられたものである限りにおいて環境であって、いわば自然条件だ。それ自身は固有の意味での人間性を成すものではなく、人間性に課された条件、人間ではなくヒトという種の生物性に近いもの、物質世界と人間世界の狭間、動物的な有り様、一言で言えば「群れ」だ。だからこそ共同体は、生のこれ以上ないほど確固たる基盤でありうると同時に離脱不能な桎梏となるのだ。それは意志によって選択されたものでも知性によって構築されたものでもなく、自然によって与えられたものであるのだから否定できないのだ。共同体のこのような性質は、本書でも、永井荷風とその家族との、とりわけ父との関係の中に見ることができた。

これらに対して社会とは、意志的なものなのだ。繰り返すが、社会は各人が他者を人間であると「意志する」ことに基づいている。そのような各人の行為、各人の賭けを土台としているものだ。それは他者の人間性＝創造性＝自発性＝自由の承認である。つまりそれは、人々が自由意志をもって日々生きているという社会生活の現実の有り様そのものであり、いわば「生の内容」なのだ。既に拙稿で詳述し[3]、本書の第1章第四節でも触れた通り、神的超越性を前提としない場合、つまり人間が人間であり社会が社会であることの根拠をどこまでも経験に照らし合わせて論理的に考え続けた場合、人間の人間性は「そこに賭けるという意志」にならざるをえないのだから。

それはゾラや荷風が自然主義文学において追究した、神なき後の世俗性に立脚する科学性と同じものだ。幸徳秋水が『基督抹殺論』（一九一一年）を著したのも無論これと無関係ではない。そして、神的超越性を無きものと、少なくとも不要なものとする社会科学・人間科学はそこに立脚せざるをえないのだが、それは日常社会生活においても同じことなのだ。つまり、自由で平等な、しかし可感的でありえない神性に立脚しない人間社会がありうるとすれば、それは他人が人間であることに賭けるという意志に立脚せざるをえない。要するに人間的超越性だ。

この三者、国家・共同体・社会を混同してはならない。もちろん、実際に存在する、固有の名を持つ集団の内にはこれら三者の要素が様々な程度で混ざり合っている。しかし、だからといって、それらの本質を混同してはならない。一国は一家族ではなく、一社会でもない。これら三種類の集団は、それぞれ質を異にする構成原理に基づいているのだから。

人を部品と、すなわち生無きものとみなす国家という制度は、言わずと知れてしばしば共同体を破壊し、社会を侵害する。今まさに荷風と共に見てきた通り、日本国の軍国主義という暴走は、あまりにも多くの死をもたらした。それは総力戦であり、「全員死んでも勝ちたい」という、落ち着いて考えれば明らかな狂気、システムの暴走だ。実際のところ、この暴走を駆動している人間は、人間としても共同体成員としても、その時点で既に死んでいるのだろう。たとえ「人体」として機能していたとしても、その「人間性」は既に失われているのだろう。

だからこそ、社会が意志に基づくものだからこそ、荷風は言ったのだ、「個人の覚醒」が無いと。それは性質や条件の問題ではなく、組織や情の問題でもなく、目覚め自覚すべき「意志」の問題なのだ。

「人間を人間と認識すること」、それはそれ自体一つの賭けであり、意志的行為だ。認識は受動ではない。ここではそれは一つの能動的行為、意志的実践である。それはあくまで認識、しかし相手を創造する認識なのだ。共に生きる「社会を創造」する認識なのだ。

社会が共同体ではないこと、荷風はこのこともよく理解していた。家族や知人や地域からできるだけ距離を取って生きていた。この事実をもって彼は「個人主義者」と評されるが、そうではない。彼は孤立していたわけではない。共同体から離れて社会に参入し（ようとし）ていたのだ。共同体は生に与えられた自然条件であり、人の支えであると同時に桎梏となる。荷風の場合、父とその財力が支えであると同時に、親類関係家族関係が桎梏であったように。

故に、永井荷風に対する「個人主義者」という一般的な評は、筆者には解せない。長い一人暮らしのためか、文壇を「蛇蝎の如く」嫌った人付き合いの悪さ故にか、日本の国に背を向けたからか、荷風といえば極端な個人主義者であると一般に広く信じられているが。共同体からも国家制度からも距離を取った荷風。その彼を個人主義者とどうしても呼ぶのであれば、それはむしろデュルケームの主張した意味での個人主義、ドレフュス派の個人主義、つまり普遍主義的で人間主義的で社会的な個人主義者という意味においてでしかありえないだろう。

3　日本国と日本社会

「日本」なるものに立ち返ってみよう。

要するに、日本に「人間社会」は、実際には存在していなかったのだ。日本という概念枠組の中に社会はなく、国（国家）のみがあり、したがって日本人とは日本国民でしかなかったのだ。それが、ドレフュスが最終的には救われた、人権が現実に守られたフランスと、幸徳らを処刑し人間性が踏みにじられたまま満州事変そして太平洋戦争へと猪突した日本との違いだ。

無論フランスに完璧な社会が存在していたというわけではない。しかし、ぎりぎりのところで人権は、人間性は、社会的に守られた。ドレフュスは殺されることなく、その名誉は回復された。社会性は確かに存在していた。しかし、日本ではそのぎりぎりの一線がいともたやすく越えられた。そこでは人権は、人間性は踏みにじられた。幸徳らは殺された。そこに普遍的な社会性、共に生きる人間性はない。

ゾラは、人間社会を背負って戦った。戦うことができた。しかし、そのような社会を持たない荷風には、傍観するしか手がなかったのだ。単にゾラが勇敢で、荷風が意気地無しだったということではない。そうではなく、抵抗を実行し結果を勝ち取るための地盤たる人間社会自体が、そもそも日本には存在しなかったのだ。「当局者と権利を争ふ場合勝利を得たいと思ふ場合には、是非とも［必要な］社会の気運一般の同情」（「『フランス物語』の発売禁止」、『荷風全集』第六巻、三三三頁）が、「フランス人一般の自由を愛し芸術を尊ぶ此の広い同情」（同頁）が、日本には存在していなかったのだ。

ゾラには、文章で訴えうる「フランス人民」、「フランス人」が存在していた。だからこそ「私は告発する（J'Accuse...!）」を書いた。そして支持された。しかし、戦争を祭りのように祝い、「非国民」を迫害する日本「国民」がどうして「人間」を尊重しえようか。他者と共に生きているという社会的事実を、どうして理解しえようか。

確かに、大逆事件に際して抵抗した人間は日本にも存在した。「謀叛論」（徳冨 一九一一）を弁じた徳冨蘆花や「A LETTER FROM PRISON」（石川 一九一一）を著した石川啄木らだ。しかしそれは彼ら一部知識人にとどまっていた。いや、とどまらざるをえなかった。ゾラのように新聞紙上を通じて広く訴え、またそれを正しく受け取りうる総体としての人民は、日本には存在していなかったのだから。日本には、従順で覚醒していない「国民」しかおらず、自由で独立した「人間」は、荷風のように外国を知る知識人にとどまっていた。そして、一つ間違えば、彼らは「非国民」だった。

日本に生きる人々は、人間ではなく国民としてこそ統合されたが故に、すなわち超越性を主張する国家の私家的権威の下に――「皆同じく人間」、「同じく『個人』」ではなく――「同じ国民」としてまとめられたが故に、日本はいわば「疑似人間社会」となった。のみならず、日本において国民は戦後もやはり臣民としてあるのではないだろうか？

そのことの、もっとも象徴的でありまた確かに制度的な事実は、日本国を構成すると国家に認められた人間の全員が日本国民であるわけではないことだ。日本国籍を持たずしたがって日本国憲法が認める基本的人権の除外例が「国として」制度的に認められているという事実だ。我々の「疑似社会」は、人間として認められない犠牲者たちを不可欠の要素として戴き続けている。

つまり我々はいまだ、象徴化された超越性によって統合されているのだ。我々はいまだ、ドレフュス事件で見たような、それ自身は日本国民ではありえない権威、「人間に」どころか「国民に」外在する権威の下にある。日本国は身分を、差別構造を制度化しているのだから。日本人と日本国籍保持者（日本国民）が制度的に一致していない時点で既に、我々の国家は制度的に社会を否定しているのだ。

そのために結局、今日でも我々は日本国と日本社会、日本人と日本国民をほとんど区別できないのではないか。現代日本人が概して礼儀正しいとすれば、それは（人間ではなく）国民としての自分しか知らないからではないのか？　国民としていわば「躾けられ」それに馴化してしまっているから、つまり社会を知らないから、だから他者に同調し整然としていられるのではないか？　いみじくも荷風が「建部」なる作中人物をもって描いたように。しかし、それ故にこそ、自分の生を充実させられないのではないか？　自らが人間性を持ち自発性を持つ「個人」でありうることに気付かず、不自由な生を生きているのではないか？　そして、荷風のような「ごく真っ当な人間」が「個人主義者」と非難される根の深い理由が、ここにあるのではないか。

4　日本社会の不在

そうだとすれば、二一世紀初頭の今日にあってなお、日本に社会は存在しないのかもしれない。日本に「社会人」はいないのかもしれない。そこでは、社会は国家とすり替えられてしまっているかのようであり、そこに存在するのは、「社会と人間」ではなく「国家と国民」だけのようだ。

振り返って考えてみれば、荷風が目撃した粗野で粗暴でその海外進出を憂えざるをえない「日本人」、戦争をむしろ喜び、次第に軍国政治に文学者や詩人も迎合してゆく「日本人」、それは日本社会が日本国に同化されてゆく過程の現れであった。迎合したり対抗したりしつつも吸収されてゆく過程だったのだ。近代日本国家の確立と共に日本社会が消滅してゆく過程だったのだ。

それは同時に人間が国民に、日本人が日本国民になってゆく過程であった。明治維新以来続く、臣民たる国民となる過程の最後の一押し、その極点こそ日本の国家軍国主義化であった。その結果が敗戦であり、大量の死だ。それは戦死者だけに限らない。戦争を生き延びた者も、自らの生の現実を、すなわち社会的人間的生を失い、硬直した形だけのいわば抜け殻の生となっていったのだ。それを知っていた荷風がこうした「形だけの生」を心の底から嫌悪し続けたことは既に見た通りだ。

そして、国家が制度であり形式であり道具であり、内実を持たずそれ自身は目的ではない以上、この意味で国家は幻想である以上、現代の日本国民はその幻想の中で空虚な生をそれと気付かずに生きているのかもしれない。または、さらに悪いことに、この道具を作った他人の人生（の目的）を生きているのかもしれない。少なくとも、永井荷風と共に時代と社会思想を追ってきた果ての論理的な結論としては、そう考えざるをえない。先に指摘した通り、制度とはルールすなわち現実に先立って定められた仕方であって、ここでは国家なる制度が、自分の人生を現に生きるその前に定められている生き方として現れているのだから。

　では、どうすればよいのか？　我々が日本で人間として充実した生を生きることを望むのならば、やはり「社会の創造」が不可欠となろう。「社会の創造」とは、この場合、人間的現実の認識であり、自由の認識であり、つまりは荷風が「個人の覚醒」と呼んだものだ。

　人が、自由に多様に生きるという普遍性こそ社会性である。このことを荷風は、アメリカから、そしてなによりフランスの文学と現実から学んだ。これと対照を成しているのが、荷風の銀行員としての生活であり、これに対する彼の心底からの嫌悪である。部屋の中で一日金勘定をする機械的で単調な仕事、多様性の乏しさ、他人とのふれあいの欠如、つまりは共に生きるという意味での人間的な社会性の、つまりコンヴィヴィアリテ（convivialité）の欠如……。これらのものこそ、逆説的に荷風をして人間的生と人間的普遍性の探究へと強く向かわせたのだろう。

　翻ってしかし、荷風のような人間を「自分勝手な個人主義者」とみなすこの列島には、そのような普遍性がいまだ存在していないようだ。だからこそ「日本社会」の「社会現象」には歯止めが効かないのだ。

日本には「なんのかんの言っても、最後のところでは相手も同じ人間だから」という認識がない。他の共同体の人間も、他の国籍の人間も、結局は同じ社会の人間だと捉える認識がない。キリスト教を素地に持たず、またこれに代わって人間の普遍性を唱える教義を持たない[4]この列島には、「ユダヤ人も同じ人間なのだ」と叫んだゾラの思想は根付いていないのだ。それどころか、そもそも、そのようにみなそうとする意志がないのだ。

そのためそこで他人は、現に生きている具体的人間ではなく、「形」、「カテゴリー」へと容易に変ずる。つまり、「他の人間」ではなく、単なる「敵」や「外国人」、単なる「敗者」や「犯罪者」、「弱者」や「障害者」等々という「資格」としてのみ捉えられる。彼らは共に生きる現実的な人間ではない。ただの資格、ただの形式的なカテゴリーに過ぎない。そしてこのカテゴリーの最大のものこそ「(日本)国民」だ。決して「(日本)人」ではない。

それ故に、振り返れば自ら驚愕するほどに冷酷な思考と行為を、歴史上我々はしばしばおこなってきたのだ。人間をただの「国民たる一兵卒」とみなしそれ自身を兵器として利用したのは、ほんの「前回の」戦争だ。そして今もなお、同種の思考に基づく行為はおこなわれているのだ。対外戦争への愛着・傾倒は言うまでもない。のみならず、様々な水準での生活を競争とみなしこれに適応しようとする態度、能力主義、成果主義、自己責任……。これらはすべて、共に現実に生きる人間社会を認めようとせず、ただ他者を「カテゴリー」としてのみ捉える同じ(無意志的で怠惰な)思考様式に基づいている。結果既に貧困家庭では子供が餓死さえしている。制度によって救われず、人に見過ごされたまま。それが、我々の「日本の現実」だ。

カテゴリーは簡単に切り捨てることができる。それは具体的な内容を持たない「枠」に過ぎないから。「形」に過ぎないから。だから、見ないで済ますことができる。自分の生から消滅させることができる。捨てることができる。そこにあるのは「現実を生きる具体的な人間」ではなく、いわば「空箱」、とどのつまり単なる「物」に過ぎないのだから。

荷風が気付いた普遍的社会性、人間性、つまりヒューマニズムはしかし、このような思考の対極にある。そしてそれは、今日思われているような「現実離れした理想」ではない。むしろそれは眼前の現実なのだ。それは我々の日常生活に直結している。なんとなれば、既に論じた通り、人間的普遍性（超越性）は、神的超越性とは異なって、人間の生の事実の中にあるからだ。そこに（信じるのではなく）確認できるからだ。それは外的に観察し内的に感知されうる。永井荷風が彼の文学と生き方の中で表現した通り。人を物とみなし、生を死とみなす「現実主義」、ヒューマニズムを単なる理想とさげすむ「リアリズム」こそ、実は現実離れしていることに気付かねばならない。

5 総括——日本社会の創造

すべてをまとめよう。

本書の中で何度も繰り返してきた通り、社会と国は別物だ。にもかかわらず日常生活の様々な場の中で、のみならず社会学をはじめとして社会科学の中でさえ、両者は、あまりにもしばしば、無自覚のうちに、ほとんど自動的に重ね合わされ同一視されている。しかし、そのような認識は、現実に、事実に即していないのだ。

人間性の発祥地（patrie）フランスの歴史の中で、社会はhumanité（人間性、人類）の全体として表象され、そのようなものとして生み出された。それは人が共に生きる現実それ自体であった。

しかしそのフランスにあっても、そのような理解は常に揺蕩《たゆた》い、試された。ドレフュス事件において、ゾラが体現した「フランス社会」は、フランス国家（フランス大統領やフランス軍ら）と正面から対立した。そこでは、人間社会と国家が問われた。真実の表明・暴露と第三共和制という枠組の維持が問われた。そこでは、最後には、真実が白日の下に晒され、人間の生の真実が、生の内実が勝利した。

日本でも同じだった。大逆事件において、真実の暴露と明治政府・近代日本という枠組が問われた。ただし、そこで勝利したのは、国家という生の外枠だった。そこで問われた真実は、単に幸徳秋水らが天皇暗殺計画に関わったのか否かという水準のみではなかった。真実はもう一層深く、そこで暴露されようとした真実は、国家という制度の虚偽性、空虚な幻想性だった——しかしその暴露に失敗したのだ。

この意味において、エミール・ゾラも幸徳秋水も同じ、人間の生の真実たる「社会」を明るみに出す者だった。ゾラはフランス共和国がすなわちフランス社会ではないこと、幸徳は日本国がすなわち日本社会ではないことを暴いた。フランス政府や明治政府などなくとも、人は社会的に生きられるし生きているという真実を暴露する者であった。だからこそ、彼らは国家から激烈な反発を浴びたのだ。

永井荷風は、ゾラから「社会」を学び、フランス社会を実際に体験し、しかしゾラになりきれなかった者だ。彼のこの中途半端な立ち位置、国と社会の間で揺蕩うその苦悩は、フランスほど明確には国家と社会を区別できない「日本」なるものをむしろ体現している。

山県有朋は、国家に縛られ社会的に生きられなかった不幸で不自由な人間だった。彼は単に私怨から社会主義者を敵視したというだけではない。彼は大日本帝国の部品だった。元老でなければ、他にやりようもあっただろうに。幸徳らと対話し相互理解に達することさえできただろうに。

ドレフュス事件における国軍幹部たちについても同じことが言える。彼らはドレフュスに個人的な恨みを持っていたわけではない。ただ国家という制度に縛られ、その部品としての役割を果たしたのだ。いわば（身体として）生きながら（社会的・人間的に）死んでいたのだ。虚偽の生を生きたのだ。

こうした意味では、山県もフランス国軍幹部も、ゾラや幸徳と同じく（国家という）制度の犠牲者なのだと言えるのだろう。

「自分の国」という夢

もともと、「自分の国」など幻想の中にしか存在しない。それは神的超越性を失った近代の不安が我々に見せる見果てぬ夢だ。現実に存在するのは「自分の生まれた土地」や「自分が生まれた家族」であり、それらは国家とは何の関係もない。国家は地縁でも血縁でもない。国民は家族ではない。自分が生まれた土地を政治的に支配している国家権力は、自分が住んでいる土地に影響を及ぼしている権力に過ぎないのであり、我々は全員ある意味では外国居住者と変わらないのだ。自分が国籍を持つ居住国の政治権力から大なり小なり影響を受けるとしても、それは外国に居住してその国の国家権力から影響を受けることと、その限りでは変わらないのだ。

「国家など無意味だ」と言っているのではない。国家はあくまで人間社会が表出する一つの形、一つの制度に過ぎないと言っているだけだ。日本国を良くするのは日本人だからではない。我々がたまたま日本に居住する人間だからだ。いわば私の割り当てがたまたまこの国だったからだ。これを通じて人間社会の理想を実現するために、日本を良くするよう努力するのだ。それは他国を滅ぼすこととは両立しない。人の世を良くするために、せめて今よりはマシな状態にするために、我々の場合は、社会的個人として日本国を良くするのだ。それは日本国のためではない。社会のためだ。

だからこそまた、日本国籍保持者が日本国とは別の国で、その国を良くするよう社会的に活躍してもよいのだ。それは日本国内で活躍することと、その社会的意味は変わらない。日本国民であろうとなかろうと、日本（社会）人たりうるのだから（そして「日本国民であっても日本（社会）人ではない」こともまたありうるのだ）。

むろん日本国は明確な制度として存在する。日本国民もその制度に登録された者として存在する。だがしかし、固有の意味での日本社会なるものはない。

フランス社会とは異なる固有の特徴を持つ社会という意味での日本社会は初めからありえない。人間社会とは普遍的な人間の関係の網のことだからだ。それは枠付けられた一つの塊ではないのだ。

固有の生活様式としての「日本文化」はありうるだろう。しかしそれはむしろせいぜいのところ

「和風」と呼ぶべきものであり、日本国とは関係がない。日本国の成立以前からこの地に根付く、人間の生活の一つのあり方に過ぎない。

そもそも、人間性が普遍的である以上、固有・独自の、他と質的に異なる人間社会などありえないのだ。もちろん、独自の存在としての日本人も現実には存在しえない。それが存在するように見えるのはただ、国家や民族や人種といった、経験に立脚していないという意味で非現実的で非社会的な枠組の幻想の中にいるからだ。

にもかかわらず日本に社会があるというのならば、それはただ、日本と呼ばれる土地に、普遍的な人間性に基づいた諸関係が現に一般的に存在するということのみだろう。では果たしてそのような関係が、見てきた通りこの国の歴史上つい最近までなかったそのような関係が、今現在の日本に確かに存在していると、この国の現状を顧みた後に誰が言いえよう?

やはり、語の現実的で正確な意味において、日本社会なるものは存在しないのだ。

日本「社会」の創造のために

その上で最後に呼び掛けたい。自らの状況を改善するに際して、国家に過度な期待を持つのはやめよう。国家に執着するのはやめよう。それは現実離れしている。国家という道具は、社会問題を全面的に解決できるほど有用・強力な道具でもなければ、そのための直接的な道具でも唯一の道具でもない。

実際のところ、人間の社会生活に対する主権国家の影響は思われているほど広くはないのではないか。確かにその力は時に強大だが、それが発揮される場面は外交（戦争を含む）など比較的限られた場面であるし、その限られた場面においても、必ずしもその国家のその仕方でなくともよいもの、つまりは外国の制度でも、さらに言えば国家以外の制度でも代替可能なものばかりではないのか（道具なのだから当たり前だ）。逆に、各自の経験を思い返してみれば、我々の現実の社会的生は、国家よりもずっと家族や知人、また街を歩く見知らぬ人や電話の相手によって強く影響されていることが理解できるのではないか——国家と社会を混同しさえしなければ。

のみならず、主権国家の社会に対する能力は、今日次第次第に減少している。とりわけ日本国は、「人々の生活を維持し、できればこれをより豊かなものとし、人々の身体と財産を守り、次世代を担う人間を生み出す」能力、つまり「社会を担う」能力を急速に失いつつある。この国は、国民の生活に対する責任を放棄し、国民の教育に対する責任を放棄しつつある。現世代よりも優秀な、またはせめて現世代と同水準の次世代を生み出すことのできない制度が、数世代の内に自らを維持できなくなることはあまりに見やすい道理だ。

そしてこの国の「社会を担う」能力が回復する——期待はあれども——現実的で具体的な方途はどこにも見当たらない。おそらく、主権国家、そしてその一形態としての国民国家に対して各人がまるで「自然なこと」であるかのように帰属意識を持つような人の生の有り様は、皆うすうす気付いている通り、今後数世代のうちには形骸化し、実質的な終焉を迎えるのだろう。実際、本書で我々が見たわずか百数十年前に比べてさえこの制度は、一定層の世襲など様々な仕方で、まともなメンテナンスもされずに使い古され、内部は劣化し既にほとんど無能力、ただ断末魔の雄叫びよろしく反知性主義をもって自らの存在を誇示しているのが現状だ。知性に基づく制度が反知性主義に侵されてしまっては、一時的な延命はできても回復は望めないだろう。要するに、主権国家という制度自体が、役に立たない道具と化しつつあるのだ。

しかし、今日の社会問題の源は、国家ではないのだ。我々の問題はそれ以前にある。それぞれが覚醒し、社会を創造してゆくことではじめて我々の現実の生は回復可能なものとなる。それが我々の生の困難の根元にあるのだから。のみならず、その道しかおそらく残されてはいないのだ。それなくしては、これまでずっとそうだった通り、いくら制度を立て直しても同じことの繰り返しにしかならない。

この現状を打破するために、自分と他人を人間一般とみなし、そのように行為しよう。より良い制度を模索する以前に、日々の実践として。制度の硬さの中で見失われた生本来の柔軟さ、優美さを取り戻そう。

些細なことしかできないかもしれない。「相手の話をよく聞く」、「子供の意見も無下《むげ》にしない」、または「差別（いわれなき排除）をしない」、「虐めに荷担しない」等々、その程度のことしかできないかもしれない。がんばってもせいぜい「近所の子供たちを集めて寺子屋のような学び場を作る」、「途上国の孤児のために毎月少額の寄付をする」程度のことしかできないかもしれない。

しかし、できる範囲でよいのだ。そうした些細な行為の網の全体こそ「社会的共同生活」なのだから。そしてこの行為によってはじめて、他者のみならず自分もまた人間たりうることは先に論じた通りだ（第1章第四節）。

ただし、この「些細な行為」を実生活の中でたゆまず実行するのは決してたやすいことではない。それは持続的な努力と忍耐を要する敢為であって、ある意味では革命よりもずっと困難な道なのだ。これに疲れこれに倦み、我々はもっとわかりやすく即効性のあるプログラムを求める。しかしそのようなものはない。問題を一気に解決できるかに見える単純で強力な策は、その強力さすなわちその権力性故に人間性を損ない、社会をかえって悪化させる。社会を成立させるものは、原理的に言って、些細な人間的行為の自発的で継続的な努力しかないのだから。

我々が皆同じく人間であるということは、自明の事実ではない。ドレフュス事件・大逆事件に現れていた通り、我々が全員人間であるという認識は、観察可能な自然（本性）の中に根拠付けられておらず、実際のところ著しく不安定だ。起源にあった神的超越性にもはや頼らず（頼れず）現実に即した人間社会を構築しようと望むのであれば、この不安定な認識の創造・維持には文字通り不断の努力が必要なのだ。

それは必ずしも「他人と仲良くする」、「他人に優しくする」ということではない。喧嘩してもよいのだ。他人を無視し物のように扱わなければ。他人を自発性ある、意志ある自由な存在として認め接すれば。他人を道具扱いしなければ。なぜなら、人間を物のように扱うこと、それは他人を現実にないものとすることであり、その意味では殺人の一種であって、社会的現実に反しているからだ。

我々人類が人間性を持つ存在として生き延びるためには、また同じことだが我々各人が「個人」として意味深く創造的で「ユニークな」生を送るためには、社会を創らねばならない。換言すれば

「(人間の同類性を世俗的に＝現実的に支える)個人主義」を「(国家的ならぬ)公的かつ共的な権威」として確立せねばならない。そしてその成否は、国家の政策にではなく、個々人の自発性の発揮に、他者の尊重＝創造に、つまり個々人の人間性の覚醒に掛かっているのだ。

注

第1章

1 本章の内容の一部は拙著菊谷 二〇〇五および二〇一一において、より深められた形で論じられている。ご参照いただければ幸いである。

2 トクヴィルおよびデュルケームにおける社会と人間の同質性については、拙著菊谷 二〇〇五および二〇一一を参照されたい。なお、デュルケームについては次節でも触れる。

3 この点について詳しくは拙著菊谷 二〇一一、第2章1および2を参照されたい。

4 デュルケームとゾラに共通するこの態度の背景には、彼らが共に生きた時代の歴史的事情がある。詳しくは拙著菊谷 二〇一一、第2章2をご覧いただきたい。

5 拙著菊谷 二〇一一、第1章2を参照。

6 拙著菊谷 二〇一一、第1章を参照。

7 拙著菊谷 二〇〇五、第一章、二〇一一、第1章および拙稿菊谷 二〇〇八、第二節を参照。

8 本節のここまでの議論は拙著菊谷 二〇一一、第2章3の後半に加筆したものである。

9 この一文の出典は、古代ローマの諷刺詩人ユウェナーリス(Decimus Junius Juvenalis)(六〇頃—一三〇年頃)の『サトゥラェ(諷刺詩)』八・八三—八四である。原文および邦訳は以下の通り。「Summum crede nefas animam praeferre pudori / Et propter vitam vivendi perdere causas(汝、名誉よりも生存を優先させることを/生きるためにその生の理由を失うことを最高の罪とせよ)」。

10 本書、第3章第二節2。

11 拙著菊谷 二〇〇五、二〇一一および拙稿菊谷 二〇〇八。

12 ベルクソンについては拙著菊谷 二〇一一、第3章で論じた。

第2章

1 無論それは単なる退隠ではなく、むしろ巧妙な、いわば「日本国から日本社会へ」の戦略的撤退だったのだが。『江戸戯作者』の気楽な場所に退隠するというこの宣言は、『社会一般』から訣別すると告げているのではない。表むきの看板としては、天下国家の公事には素知らぬ顔をきめこむ戯作者=逸民の列に退くと称しながら、その自称の肩書をまんまと利用して、擬似近代国家と社会にたいする批判の自由を留保すると用心ぶかく暗黙に表明しているのだ」(菅野 一九九六、三三三頁)。

2 以下、荷風の人生に関する歴史的事実については『荷風全集』第三〇巻所収の年譜、また秋庭 一九六六に詳しい。荷風自身による回想「若き反抗心」(『荷風全集』第七巻)も参照のこと。

3 鷲津毅堂の生涯については、荷風が後に『下谷叢話』(『荷風全集』第一五巻)の中で詳しく述べている。

4 「看護婦の名が「お蓮」と云ふので、其れに近いものをと考へた末に、荷風小史と云ふ字を得た」(「[文芸諸名家雅号の由来]」、『荷風全集』第六巻、二九一頁。強調原著者)。

ただし、本人による異なる説明も以下のように存在する。

「草稿執筆の際座敷の床の間に荷風十里香と云ふ先儒の書のありしより其場の思付にて荷風の二字を用候が小生雅号の初りにて別に深い訳のある次第にて御座なく候」(「[私のペンネーム]」、『荷風全集』第三〇巻、一一頁)。

「柳浪先生の門に遊び初めて小説を公にするに当り俄に荷風となす。蓋し先生の雅号の仄字なるに対して平字を選みたるなり」(「[雅号の由来]」、『荷風全集』第一一巻、二七〇頁)。

5 菅野 一九九六、六三頁以下。

6 詳細は『荷風全集』第三〇巻、五〇頁を参照。

7 ゾラのみならず、モーパッサン、ピエール・ロッチ、ラマルティーヌ、ミュッセなど。「断腸亭尺牘」(『荷風全集』第二七巻)収録の諸書簡を参照。なお、荷風が憧れたのはあくまで「フランス」であり、「欧米」でも「ヨーロッパ」でもないことを付言しておこう。

8 帰朝の船に乗るために、荷風はパリを出て一旦イギリスに向かう。この時に抱いたイギリスの感想はと言えば、美的な観点から否定的なものであった。とりわけロンドンには手厳しい。

丁度夕飯の時刻で、宿屋の食堂では食物の匂ひや皿の音がして居たが、自分は廊下を往来して居る宿の女中の顔を見ると、とても、イギリス人の家では食事する気には成れなくなる。大方アイルランドか何処かの女であらう。口が「へ」の字なりに大きく、顋が突出て、両の頰骨が高く聳え、眼が深く凹んで居る形相は、どうしても日本の盤若、独逸の物語にある魔法の婆としか見えぬ。いやに、ゐばつて、大手を振りながら歩いて来て、自分の顔を見るや。だしぬけに、

　Will you take dinner? と云ふではないか。自分は実際呆れて何とも返事が出来なかつた。

　此の年月、自分は、フランス語の発音、そのものが已に音楽の如く、耳に快い上にやさしい手振、云はれぬ微笑を見せるフランスの町娘のみを見馴れて居た処から、イギリスの下女の様子は云ふまでもなく、英語に特有の、鋭いアクセントが耳を突いて何の事はない、頭から冠せかけて叱り付けられるやうな気がするのであつた。(「巴里のわかれ」、『荷風全集』第五巻、二七三—二七四頁)

あげくに、ロンドンのフランス人街にわざわざ赴き、安料理屋のフランス人女性客に声を掛け、そのフランス語の美しさを楽しみ、彼女にロンドンを「陰気な処です事ね。カッフェー一つないんですもの」(同書、二七六頁)と評させている。

　そして、このエッセイを次の文章で閉じる。「自分の見たイギリスは此の如くであつた。自分はひたすら此の地を去るべき明日の夜明けの来らん事を望みつゝ、宿屋の寝床に眠つたのである」(同書、二七八頁)。

9 詳しくは、拙著菊谷 二〇〇五、二〇一一および拙稿菊谷 二〇〇八、二〇〇九、二〇一二参照。

10 拙著菊谷 二〇〇五、二〇一一および拙稿菊谷 二〇〇八参照。

第3章

1 大逆事件の実際については何と言っても神崎清氏の全四巻にわたる労作『革命伝説——大逆事件』が詳細に伝えている。この著作は、在野の評論家だった氏が、実に二五年の歳月を費やして史料発掘、文献調査、また関係者への取材を丹念におこない、事件

の全体を細部に至るまで明らかにし、その成果を一九六八年から六九年にかけて発表したものである(二〇一〇年、大逆事件一〇〇年を機に復刊)。また『幸徳秋水全集』補巻『大逆事件アルバム――幸徳秋水とその周辺』も、豊富な写真資料と共に事件の経過を伝えてくれる。以下、大逆事件の事実経過についてはこれらの著作に主として依拠しつつ、必要に応じて他の文献を参照し補足した。

2 “anarchism”を「無政府主義」と、また“anarchist”を「無政府主義者」と訳すのは不正確であり誤解を招く。“anarchism”とは、一切の政治的権力の否定であり、その権力とは必ずしも国家やその政府のみを指すわけではない。しかし、幸徳自身も含め歴史的にこの語は「無政府主義」と訳されてきており、この整合性を重視して本書では基本的には「無政府主義」の訳語を用いることにした。

3 天皇制国体論の骨格として家族国家説を唱えた穂積八束東京帝国大学教授の用語。

4 幸徳秋水、管野スガ、宮下太吉、新村忠雄、古河力作、大石誠之助、森近運平、内山愚童、奥宮健之、成石平四郎、松尾卯一太、新美卯一郎（以上一二名刑死)、岡本穎一郎、高木顕明、佐々木道元、三浦安太郎、峯尾節堂（以上五名獄死)、岡林寅松、小松丑治、坂本清馬、崎久保誓一、武田九平、飛松与次郎、成石勘三郎（以上七名のち仮出獄)。なお、新田融、新村善兵衛の二名にはそれぞれ懲役一一年、懲役八年の有期刑。

5 大石誠之助、成石平四郎、高木顕明、峯尾節堂、崎久保誓一。

6 無論、トクヴィルの場合（拙著菊谷 二〇〇五、第一章、二〇一一、第1章および拙稿菊谷 二〇〇八、第二節参照）と異なり、幸徳の場合唯物史観の影響は大きい。とはいえここで「唯物史観」の語は一切使われていない。また、トクヴィルの生きた時代と場所を考え合わせれば、唯物史観もこうした本来的な意味での「社会」思想の一バージョンなのだと言えるのかもしれない。
　なお、デモクラシーと社会および生命の関係については、拙著菊谷 二〇一一におけるトクヴィルおよびベルクソンに関する議論を参照されたし。

第4章

1　拙著菊谷 二〇〇五および二〇一一をご参照いただきたい。

2　荷風は日本における国家主義の進展に危機を覚え、問題とされそうな箇所を後日削除している。これは無論自己検閲であったが、さらに後日思い直し、それ以降削除をやめている。そして削除箇所を復元しようとも試みるが、これは果たし得なかった。この点について詳細は、『荷風全集』第二四巻「後記」を参照されたい。

3　一九二六（大正一五）年一二月一四日の日記の中で荷風は、大正天皇崩御の際の微細にわたる健康状態の新聞報道を、「君主に対する詩的妄想の美感を傷る」ものであるとして、また「我国の天子は生ける時より神の如く尊崇せられしもの」という「古来の伝説」を破棄させたものとして批判している。つまり、当然ではあるが、昭和の時代に入る以前から既に、天皇の聖性が伝説であり妄想であることを明確に意識している（「断腸亭日乗」一九二六（大正一五）年一二月一四日、『荷風全集』第二一巻、四七四—四七五頁）。

4　荷風は日本における儒教の影響をしばしば語る。彼が理解していた儒教の具体的な内容は定かではない。が、あえて言うとすれば荷風におけるその内実の主要な一つはいわゆる「長幼の序」にあろう。これは、既に我々が見た荷風の父親との関係において顕著に見られる。父に頭が上がらない。反抗しようとしてもできない。アメリカから帰国せよとの指示にも、ぐだぐだ言いつつ結局逆らえない。あげくに、父の手配でフランスへ、などなど。

　だが、長と幼、親と子の序には、普遍的な人間（性）はそもそも措定されていない点に注意が必要だ。長幼、親子は関係を示すカテゴリーに過ぎず、その内実は、それだけでは満たされていない。それ故に、簡単に本来の家族以外の組織・集団に無遠慮に適用されてしまう。

「親も子も人間であることは自明の前提だ」と反論されるかもしれない。しかしそれは違う。そこで前提とされているのは「親も子も家族」つまり同じ共同体の一員であることであり、普遍的な意味で人間であることではない。そうでなければ、普遍的人権を持つ存在に対し、機能ではなく道徳として長幼の序を設定することに矛盾が生じてしまう。

　組織の機能、役割として順序を設定することはできる。だがそれはあくまで機能であり、人間性との関係はない。

　けれども、本書の結論に見る通り社会を持たない日本は、これを同一視してしまった。機能に過ぎない区別を自然で基盤的な区別だとすり替えてしまった。機能としての国家・国民を、人間そして社会と混同してしまった。その結果、普遍的人権も理解できないままだ。

　何も高尚な話ではない。むしろ見苦しい現実の人間の生活のことだ。荷風はその人間の普遍的な見苦しさをしかと捉え普遍性として日本に持ち帰った。しかるに、その人権を理解できない日本、誰もがぎりぎりのところでは同じ人間であるという社会性を理解できない日本では、ヒトはすぐに見捨てられ見殺しにされる。しかし見殺しとは、そうする人間の期待に反して、「殺し」の一種に他ならないのだ。そこを認めそれを避けようとするその認識こそヒューマニズムなのだ。

結論

1　紙幅の都合上、この点すなわち「キリスト教と人間概念との歴史的関係」について本書では充分に説明することができなかった。単純化すれば、キリスト教の超越性が下地となって近代世俗世界の人間（性）概念が生まれてきた――本書に即して言えば、だからこそフランスに人間社会が発生し、キリスト教の素養を持つ永井荷風はそれに気付き、しかしキリスト教の伝統・下地のない日本の地ではこれを展開できず人間社会も根付かなかった――、ということなのだが、その実際の歴史的過程は単純なものではなく、またキリスト教と人間社会の関係も一筋縄ではゆかない複雑なものである。この論点は、拙著菊谷 二〇一一において詳論されている。ご参照いただければ幸いである。

2　とはいえ、戯作者として江戸文化の中に日本社会を見出し保存しようとしたことは、荷風なりの抵抗ではある。江戸の戯作者を模するということは、近代国家日本誕生以前へ戻るということだ。つまり、日本「社会」を諦め、日本「文化」にその内実を見出そうとすることだ。言い換えれば、「国民」ではなく、市井に生きる「人間」となることだ。この意味で、江戸戯作者への回帰はゾライズムの延長上にあると言えよう。過酷な時代状況に置かれた荷風には、生の自由と普遍性を持つ「日本社会」を、同時代の「日本国」に見出すことはできなかった。それは、過去の中に、すなわちかつてこの土地に生きた人間の俗な生活の中にしかもはや見出しえなかったのだ。曰く、「軍部の横暴なる今更憤慨するも愚の至りなればその儘捨置くより外に道なし、われ等は唯その復讐として日本の国家に対して冷淡無関心なる態度を取ることなり」（「断腸亭日乗」一九四五（昭和二〇）年五月五日、『荷風全集』第二五巻、三一九頁）。

しかし、無論、「江戸（社会、時代）」は「日本」ではない。

3

拙稿菊谷 二〇〇八、第五節。その内訳は「1 物と生命、創造的自由、生と死の拡張」、「2 賭けであり他者の創造である愛、相互創造としての愛し合う社会」、「3 人間的超越性」となっている。専門的な論文であるが、ぜひこちらをご参照いただきたい。本書ではこの論点を詳述する紙幅がない。

4

「神道や仏教、儒教などがあるではないか」との反論が即座に提出されよう。しかし、これらはある意味で宗教ではない。つまりこれらは人間の普遍性をはぐくみうる超越的な普遍性を有していないのだ。この大きな論点についてはいずれ別所で詳述しよう。

参考文献

＊［　］は参照した版の刊行年である。

Barrès, Maurice 1902 [1925], *Scènes et doctrines du nationalisme*, Plon, 1925.（モーリス・バレス『国家主義とドレフュス事件』稲葉三千男訳、創風社、一九九四年（抄訳））

Bergson, Henri 1932 [2000], *Les deux sources de la morale et de la religion*, PUF, 2000.（ベルクソン『道徳と宗教の二源泉』（改訳）、平山高次訳、岩波書店（岩波文庫）、一九七七年）

Birnbaum, Pierre 1994a, *L'Affaire Dreyfus: la République en péril*, Gallimard.

——（éd.）1994b, *La France de l'Affaire Dreyfus*, Gallimard.

Blum, Léon 1935 [1981], *Souvenirs sur l'Affaire*, Gallimard, 1981.（レオン・ブルム『ドレフュス事件の思い出』稲葉三千男訳、創風社、一九九八年）

Comité du Centenaire de l'Affaire Dreyfus（éd.）1994, *Une tragédie de la belle époque: l'Affaire Dreyfus*, Comité du Centenaire de l'affaire Dreyfus.

Dreyfus, Alfred 1901 [1994], *Cinq années de ma vie: 1894-1899*, Bibliothèque-Charpentier; repr. La Découverte, 1994.（アルフレッド・ドレフュス『ドレフュス獄中記——わが生涯の五ヵ年』竹村猛訳、中央大学出版部、一九七九年）

Dreyfus, Mathieu 1978, *L'Affaire, telle que je l'ai vécue*, Bernard Grasset.（マチュー・ドレーフュス『事件——マチュー・ドレーフュスの回想』小宮正弘訳、時事通信社、一九八二年）

Durkheim, Emile 1895 [1999], *Les règles de la méthode sociologique*, PUF, 1999.（デュルケム『社会学的方法の規準』宮島喬訳、岩波書店（岩波文庫）、一九七八年）

—— 1898 [1987], "L'individualisme et les intellectuels", in *La science sociale et l'action*, introduction et présentation de Jean-Claude Filloux, PUF, 1987, pp. 261-278（エミール・デュルケーム「個人主義と知識人」、佐々木交賢・中嶋明勲訳『社会科学と行動』恒星社厚生閣、一九八八年、二〇七—二三〇頁）

Miquel, Pierre 1964, *L'Affaire Dreyfus*, PUF (coll. "Que sais-je?"). (ピエール・ミケル『ドレーフュス事件』渡辺一民訳、白水社（文庫クセジュ）、一九九〇年)

Zola, Emile 1879 [1968], *La république et la littérature*, in *Le roman expérimental, Œuvres complètes*, édition établie sous la direction de Henri Mitterand, tome 10, Cercle du Livre Précieux, 1968, pp. 1379-1401. (「共和国と文学」、小倉孝誠・菅野賢治編訳『時代を読む 一八七〇—一九〇〇』(『ゾラ・セレクション』第一〇巻)、藤原書店、二〇〇二年、一一二—一二四頁)

—— 1896 [1970], "Pour les Juifs", in *Nouvelle campagne, Œuvres complètes*, édition établie sous la direction de Henri Mitterand, tome 14, Cercle du Livre Précieux, 1970, pp. 779-784. (「ユダヤ人のために」、小倉孝誠・菅野賢治編訳『時代を読む 一八七〇—一九〇〇』(『ゾラ・セレクション』第一〇巻)、藤原書店、二〇〇二年、二三三—二四五頁)

—— 1898a [1970], "Lettre à M. Félix Faure (J'Accuse ...!)", in *La vérité en marche, Œuvres complètes*, édition établie sous la direction de Henri Mitterand, tome 14, Cercle du Livre Précieux, 1970, pp. 921-931. (「共和国大統領フェリックス・フォール氏への手紙」、小倉孝誠・菅野賢治編訳『時代を読む 一八七〇—一九〇〇』(『ゾラ・セレクション』第一〇巻)、藤原書店、二〇〇二年、二四六—二八一頁)

—— 1898b [1970], "Déclaration au Jury", in *La vérité en marche, Œuvres complètes*, édition établie sous la direction de Henri Mitterand, tome 14, Cercle du Livre Précieux, 1970, pp. 933-939. (「陪審団への宣言」、小倉孝誠・菅野賢治編訳『時代を読む 一八七〇—一九〇〇』(『ゾラ・セレクション』第一〇巻)、藤原書店、二〇〇二年、二八二—二九九頁)

—— 1899a [1970], "Justice", in *La vérité en marche, Œuvres complètes*, édition établie sous la direction de Henri Mitterand, tome 14, Cercle du Livre Précieux, 1970, pp. 949-956. (「正義」、小倉孝誠・菅野賢治編訳『時代を読む 一八七〇—一九〇〇』(『ゾラ・セレクション』第一〇巻)、藤原書店、二〇〇二年、三〇〇—三一八頁)

—— 1899b [1970], "Lettre à Madame Alfred Dreyfus", in *La vérité en marche, Œuvres complètes*, édition établie sous la direction de Henri Mitterand, tome 14,

Cercle du Livre Précieux, 1970, pp. 969-976.（「アルフレッド・ドレフュス夫人への手紙」、小倉孝誠・菅野賢治編訳『時代を読む 一八七〇―一九〇〇』（『ゾラ・セレクション』第一〇巻）、藤原書店、二〇〇二年、三一九―三三五頁）

秋庭太郎 一九六六［二〇一〇］『考証 永井荷風』（全二冊）、岩波書店（岩波現代文庫）。

石川啄木 一九一一［一九八〇］「A LETTER FROM PRISON」、『石川啄木全集』第四巻、筑摩書房、三三八―三六七頁。

稲葉三千男 一九七九『ドレフュス事件とゾラ――抵抗のジャーナリズム』青木書店。

―― 一九九六『ドレフュス事件とエミール・ゾラ――一八九七年』創風社。

―― 一九九九『ドレフュス事件とエミール・ゾラ――告発』創風社。

太田愛人 一九七九［一九九二］『明治キリスト教の流域――静岡バンドと幕臣たち』中央公論社（中公文庫）。

大原慧 一九七七『幸徳秋水の思想と大逆事件』青木書店。

川本皓嗣 二〇〇二「解説」、永井荷風『あめりか物語』（改版）、岩波書店（岩波文庫）。

神崎清 一九六八―六九［二〇一〇］『革命伝説――大逆事件』（全四巻）、子どもの未来社。

菅野昭正 一九九六［二〇〇九］『永井荷風巡歴』岩波書店（岩波現代文庫）。

管野スガ 一九一〇［一九八四］「大逆事件訴訟記録――管野スガ聴取書・訊問書」、『管野須賀子全集』第三巻、弘隆社、一九五―二九二頁。

菊谷和宏 二〇〇五『トクヴィルとデュルケーム――社会学的人間観と生の意味』東信堂。

―― 二〇〇八「共に生きるという自由について――生の社会学への展望：トクヴィル、デュルケーム、ベルクソン」（全二回）、『思想』第一〇一〇号、二〇〇八年六月、三五―五五頁、第一〇一一号、二〇〇八年七月、一四八―一八一頁。

―― 二〇〇九「社会科学における身体論のための素描――現実の一意性を支えるもの、または現実と自己意識のユニークネスについて」、『経済理論』第三五二号、和歌山大学経済学会、二〇〇九年一一月、二三―四五頁。

――二〇一一『「社会」の誕生――トクヴィル、デュルケーム、ベルクソンの社会思想史』講談社（講談社選書メチエ）。
――二〇一二「身体・他者・社会――生の社会学への道標」、『和歌山大学経済学会研究年報』第一六号、和歌山大学経済学会、二〇一二年九月、九九―一一七頁。
――二〇一三「永井荷風のフランス受容とその社会思想的含意」、『和歌山大学経済学会研究年報』第一七号、和歌山大学経済学会、二〇一三年九月、三一―六一頁。
――二〇一四「永井荷風と日本社会――続・永井荷風のフランス受容とその社会思想的含意」、『和歌山大学経済学会研究年報』第一八号、和歌山大学経済学会、二〇一四年九月、五三―七六頁。
北村巖 二〇一三a『大逆罪』中西出版。
――二〇一三b「〈書評〉専修大学今村法律研究室編『大逆事件と今村力三郎』」、『専修大学今村法律研究室報』第五九巻、専修大学今村法律研究室、二〇一三年一二月、三四―三五頁。
幸徳秋水 一九六八―七三『幸徳秋水全集』（全九巻＋別巻二、補巻一）、明治文献。
小山松吉 一九二九［一九五七］「日本社会主義運動史」、『特別要視察人状勢一斑』（近代日本史料研究会編『日本社会運動史料』第二集）、明治文献資料刊行会、二六四―四二三頁。
専修大学今村法律研究室（編）二〇一二『大逆事件と今村力三郎――訴訟記録・大逆事件：ダイジェスト版』専修大学出版局。
田中伸尚 二〇一〇『大逆事件――死と生の群像』岩波書店。
辻野功 一九七五「幸徳秋水の天皇観」、『同志社法學』第二六巻第三号、同志社大学、一九七五年一月、五三―八四頁。
徳冨蘆花（徳冨健次郎）一九一一［一九七六］『謀叛論』岩波書店（岩波文庫）。
永井荷風 二〇〇九―一一『荷風全集』（第二次刊行）（全三〇巻＋別巻一）、岩波書店。
中木康夫 一九七五―七六『フランス政治史』（全三冊）、未来社。
中村文雄 一九八一『大逆事件と知識人』三一書房。
――一九九七『大逆事件の全体像』三一書房。

――　二〇〇九『大逆事件と知識人――無罪の構図』論創社。
西尾陽太郎　一九五九『幸徳秋水』吉川弘文館（人物叢書）。
原敬　一九五〇―五一『原敬日記』（全九巻）、乾元社。
山泉進（編）二〇〇七『大逆事件の言説空間』（新装版）、論創社（明治大学人文科学研究所叢書）。

あとがき

本書は、前著『「社会」の誕生——トクヴィル、デュルケーム、ベルクソンの社会思想史』（講談社選書メチエ、二〇一一年）を引き継ぎつつ、永井荷風のフランス経験を通じて、日本における「社会」の有り様を歴史的事実・事件に即して描いたものである。

故に本書は、独立した著作ではあるものの、研究の流れの中では前著の続編とも言えるだろう。したがって、本書の議論の一層の根拠、また前提となる論理については、前著をご参照いただければと思う（そのための注を付しておいた）。

なお本書のうち永井荷風に関する部分は、二つの準備稿（「参考文献」記載の菊谷 二〇一三および二〇一四）が元となっている。本書では削除された引用文や論点も含まれているので、ご興味のある方は参照されたい。いずれも CiNii Articles（http://ci.nii.ac.jp/）から無料でダウンロード可能である。

さて、伝えるべき枢要は本文で書き尽くした。今後の議論の広がりに資することを祈るばかりだが、ここでは、本書執筆の背景を、内容理解の助けとなることを願いつつ読者に供したい。

かれこれ一〇年近く、勤務先でフランスのグランドゼコールとの交流をコーディネイトしている。交流協定締結交渉に始まり、協定締結後の留学生の送り出しと受け入れ、また研究者の交流（シンポジウムや研究会など）の企画運営といった業務だ。さらにここ四年ほどは――学部教員として「社会思想史」、「社会哲学」、「社会学」などの科目を担当する傍ら――国際教育研究センターの運営委員を兼任し、様々な国の人々と関わる業務を続けている。

こうした仕事の中で、外国人との複雑な交渉を数多く経験した。そしてそのような経験を積めば積むほど、独特の共感と違和感を同時に覚えるようになっていった。それは外国研究者なら皆感じているであろう「すわりの悪さ」に似ていた。それは、母（国）語で話す時の「自分に対する疎外感」、そして外国語で話す時の「より自分らしさを感じる名状し難い感覚」だった。それは確かに異文化の齟齬ではあろうが、「日本人と外国人の」ではなく「日本人と人間の」齟齬のようだった。この、近代化途上の日本の知識人の間では共有されていたであろう、そしてグローバル化した現代では多くの人が多かれ少なかれ感じているであろう一種独特の齟齬の感覚を理解し解消することが、本書執筆の無自覚の動機だったように、今振り返れば思われる。

また、ここ数年ハラスメント相談を担当した。大学という「制度」、「形」の中で苦しむ学生のみならずそこで働く職員からの相談にも応じる中で、「他者と共に自分の生を生きる」ことへの不十分な理解が、彼ら／彼女らの苦悩の共通の源泉になっていることに気付かされた。具体的な相談内容は無論口外できないが、この経験が本書のテーマと深く関わっていることは、本文をお読みいただいた方には明らかだろう。

本書執筆にあたっては多くの方々にお世話になった。中でも大きな助けとなった方々のお名前を挙げて感謝の意を表したい。

まず、本書の執筆を依頼してくださった担当編集者の互盛央氏。研究成果を広く世に問う機会をいただいたのみならず、「フランスから日本へ」という、ややもすれば対象が拡散し主題が不明確となりがちな広範囲へのアプローチをあえて一冊の本としてまとめる機会を得たことで、さらなる研究発展のための確かな基盤を作ることができた。また、誰しも認める氏の並外れた知力に基づくアドバイスは本当にありがたかった。しかし、それ以上に、知と言葉を真に愛する氏と出会えたこと自体、幸運だったと心から感じている。

また、社会思想史という地道で時間を要する研究の進展を温かく見守り支援してくれた和歌山大学の同僚の皆さんにも深謝したい。とりわけ、阿部秀二郎准教授（経済学史・経済思想）と高見直樹准教授（経営学史・企業倫理）のお二人との議論によってなされた隣接領域との対話は、社会科学のより広い観点から本書の主題の奥行きを測るために不可欠であった。

最後に、日々共に生きて《コンヴィヴィアル》くれる妻と二人の娘たちに、感謝と共に本書を捧げることをお許しいただきたい。本当にありがとう。

二〇一五年二月

菊谷和宏

「社会《しゃかい》（コンヴィヴィアリテ）」のない国《くに》、日本《にほん》

ドレフュス事件《じけん》・大逆《たいぎゃく》事件《じけん》と荷風《かふう》の悲嘆《ひたん》

二〇一五年　三月一〇日　第一刷発行
二〇二〇年　七月一四日　第二刷発行

著者　菊《きく》谷《たに》和《かず》宏《ひろ》

発行者　渡瀬昌彦
発行所　株式会社 講談社
東京都文京区音羽二丁目一二―二一　〒一一二―八〇〇一
電話（編集）〇三―三九四五―四九六三
　　（販売）〇三―五三九五―四四一五
　　（業務）〇三―五三九五―三六一五

装幀者　奥定泰之
本文データ制作　講談社デジタル製作
本文印刷　信毎書籍印刷 株式会社
カバー・表紙印刷　半七写真印刷工業 株式会社
製本所　大口製本印刷 株式会社

ISBN978-4-06-258598-9　Printed in Japan
N.D.C.362　250p　19cm

講談社選書メチエ　刊行の辞

書物からまったく離れて生きるのはむずかしいことです。百年ばかり昔、アンドレ・ジッドは自分にむかって「すべての書物を捨てるべし」と命じながら、パリからアフリカへ旅立ちました。旅の荷は軽くなかったようです。ひそかに書物をたずさえていたからでした。ジッドのように意地を張らず、書物とともに世界を旅して、いらなくなったら捨てていけばいいのではないでしょうか。

現代は、星の数ほどにも本の書き手が見あたります。読み手と書き手がこれほど近づきあっている時代はありません。きのうの読者が、一夜あければ著者となって、あらたな読者にめぐりあう。その読者のなかから、またあらたな著者が生まれるのです。この循環の過程で読書の質も変わっていきます。人は書き手になることで熟練の読み手になるものです。

選書メチエはこのような時代にふさわしい書物の刊行をめざしています。

フランス語でメチエは、経験によって身につく技術のことをいいます。道具を駆使しておこなう仕事のことでもあります。また、生活と直接に結びついた専門的な技能を指すこともあります。

いま地球の環境はますます複雑な変化を見せ、予測困難な状況が刻々あらわれています。

そのなかで、読者それぞれの「メチエ」を活かす一助として、本選書が役立つことを願っています。

一九九四年二月　　野間佐和子

MÉTIER

MÉTIER

近代性の構造　今村仁司
身体の零度　三浦雅士
人類最古の哲学　カイエ・ソバージュⅠ　中沢新一
熊から王へ　カイエ・ソバージュⅡ　中沢新一
愛と経済のロゴス　カイエ・ソバージュⅢ　中沢新一
神の発明　カイエ・ソバージュⅣ　中沢新一
対称性人類学　カイエ・ソバージュⅤ　中沢新一
近代日本の陽明学　小島　毅
未完のレーニン　白井　聡
経済倫理＝あなたは、なに主義？　橋本　努
ヨーガの思想　山下博司
パロール・ドネ　C・レヴィ＝ストロース　中沢新一訳
連続講義　現代日本の四つの危機　齋藤元紀編
ブルデュー　闘う知識人　加藤晴久
怪物的思考　田口卓臣
熊楠の星の時間　中沢新一
来たるべき内部観測　松野孝一郎

アメリカ　異形の制度空間　西谷　修
絶滅の地球誌　澤野雅樹
共同体のかたち　菅　香子
アーレント　最後の言葉　小森謙一郎
三つの革命　佐藤嘉幸・廣瀬　純
なぜ世界は存在しないのか　マルクス・ガブリエル　清水一浩訳
「東洋」哲学の根本問題　斎藤慶典
言葉の魂の哲学　古田徹也
実在とは何か　ジョルジョ・アガンベン　上村忠男訳
創造の星　渡辺哲夫
なぜ私は一続きの私であるのか　兼本浩祐
いつもそばには本があった。　國分功一郎・互　盛央
創造と狂気の歴史　松本卓也
「私」は脳ではない　マルクス・ガブリエル　姫田多佳子訳
西田幾多郎の哲学＝絶対無の場所とは何か　中村　昇
名前の哲学　村岡晋一